Aline Schreiber

Der Moment, der alles verändert

ALINE
SCHREIBER

DER MOMENT, DER ALLES VERÄNDERT

Wie ich bei Gott ein Zuhause fand und mich taufen ließ

adeo

Inhalt

Prolog:

Ich lege mein Leben in Gottes Hände

Hey, ich bin Aline Schreiber.

Ich bin 34 Jahre alt.

Ich bin getauft.

Seit einem Monat.

Und du kannst mir glauben, bis wenige Wochen davor hatte ich mit dem Glauben nichts am Hut. Und auch nicht viel Ahnung davon, worum es da überhaupt geht. Denn: In meiner Familie war noch nie jemand getauft, und in unserem Haushalt gab es keine Bibel! Ich war in all den 34 Jahren nicht ein einziges Mal im Gottesdienst!

Wie ich dann doch in einem Gottesdienst landete und wie mein Weg zur Taufe war, das erzähle ich in diesem Buch. Und was mich dazu bewegt hat, diesen großen Schritt in meinem Leben zu gehen. Ich nehme dich mit auf meine Reise.

Ich nehme dich mit, während ich die ersten Feiertage im Gottesdienst verbringe! Du bist live dabei – bei meiner Taufe und meiner Firmung und noch einigen weiteren gottesdienstlichen Feiern.

Wir starten an Karfreitag, dem Feiertag, der wohl am schwersten für mich zu verstehen war! Aber zuerst führe ich dich durch meinen ersten Gottesdienst! Ich erzähle dir, was ich dabei wirklich gefühlt und gedacht habe. Ich nehme es dir nicht übel, wenn du lachen musst!

Meine Kirche wird gebraucht.

Ich hätte nie gedacht, dass sich nach meiner Taufe mein ganzes Leben ändern würde. Ein Zeitungsartikel, Podcast, Fernsehdrehs für HR und ARD – und das nur, weil ich getauft wurde in einer Zeit, in der die Medien fragen: Wird die Kirche noch gebraucht? Ja und wieder Ja: Meine Kirche wird gebraucht.

Ich beginne mein Buch in der Kirche. Ich kann nicht glauben, dass ich, während ich schreibe, am Altar meiner Kirche sitze. Ich sehe den Raum aus einer anderen Perspektive. Ich schreibe mein Buch an einem Platz, der eigentlich nur für den Pfarrer bestimmt ist. Ist das rebellisch, oder steht mir das genauso zu wie ihm?

Ich möchte ein positives Zeichen setzen, denn *meine Kirche wird gebraucht.* Ich schreibe, bis mir so kalt ist, dass mir fast die Finger abfallen. Ich stehe noch einmal auf und schließe die Kirchentür. Ich möchte ganz allein sein mit Gott. In der Stille diese Zeilen schreiben. Ich bin sicher, Gott hätte mich nicht an diesen Ort gebracht, wenn ich nicht etwas zu sagen hätte.

Ich höre seit Wochen eine Stimme in mir, die sagt: „Teile deine Geschichte." Diese Stimme ist klar und unüberhörbar, und sie hat mich hierhergeführt. Ich möchte so viel Zeit wie möglich in meiner Kirche verbringen.

Es ist kein einfacher Weg, getauft zu sein, wenn noch nie jemand in der Familie getauft war. Es ist nicht einfach, allein in den Gottesdienst zu gehen, ohne jemanden zu kennen, der mitkommt. Es ist auch kein einfacher Weg, sich in eine neue Gemeinde einzuleben und in die Bibel einzuarbeiten. Und doch sage ich: Meine Taufe hat sich tausend Mal gelohnt. Am liebsten würde ich sie jedes Jahr wiederholen.

Als ich wusste, es geht auf die Taufe zu, habe ich überall nach Erfahrungsberichten und Lektüre und näheren Informationen gesucht, aber ich habe nichts gefunden. Es gibt viele Bücher zur Baby-Taufe, aber kaum etwas zur Erwachsenentaufe. Und falls doch, ist es ziemlich schwer zu finden. Ich stand vor den Bücherregalen in Buchhandlungen und Bibliotheken und fühlte mich etwas verlassen.

Als ich das Wort Erwachsenentaufe gegoogelt habe, lautete der erste Satz, der auftauchte: „Die Erwachsenentaufe ist eine Chance für die Kirche." Ach, du Schreck. Der Gedanke hat mich gegruselt. Denn die Erwachsenentaufe ist eine Chance *für den Menschen*. Als ich später das Wort Taufe googelte, bekam ich wundervoll dekorierte Babytorten und Babykleider angezeigt, aber nichts, das einer Frau, die bereits 34 Jahre alt ist, in irgendeiner Weise einen Zugang eröffnen konnte. Suchte ich dagegen unter dem englischen Wort „baptism" kamen massenweise Bilder von Menschen, die in einem See oder großen Becken „aus der irdischen Welt abtauchten" und mit Jesus wieder auftauchten. Aber anscheinend gab es so etwas nur im Ausland.

Ich habe mich danach gesehnt, mit anderen Täuflingen Kontakt aufzunehmen, denn es war ein Ritual, das mir unvertraut war, das ich aber nun bald erleben würde. Ich hatte aber keinen einzigen Freund, der mich auf dem Weg dahin begleiten konnte. Niemanden, der mit mir fieberte, sich mit mir freute, mit mir zusammen aufgeregt war.

Ja, sah denn niemand um mich herum, was für ein lebensverändernder Schritt das wäre? Neben meiner Hochzeit vielleicht der wichtigste Schritt meines Lebens? Konnte niemand die Bedeutung der Taufe sehen?

Jedenfalls stellte ich in diesem Zusammenhang fest, dass viele Menschen die eigentliche Bedeutung der Taufe nicht mehr kannten, sie vergessen hatten oder sich nicht damit auseinandersetzten. Anscheinend ließ der Strom des Lebens keine Zeit dafür. Und diese Feststellung machte mich nachdenklich, umso mehr, als ich nach meiner Taufe immer mehr entdeckte, welches Geschenk mir damit gemacht wurde.

Meine Taufe hat sich tausend Mal gelohnt.

Aber das ließe sich ändern. „Teile deine Geschichte mit der Welt!“ Die Stimme in meinem Inneren war unüberhörbar. Es war fast, als flüsterte mir Gott selbst das zu. „Sei ein Beispiel für die Erwachsenentaufe! Mach das Thema wieder hot und fresh! Lass dir nicht erzählen, du könntest es nicht! Hast du nicht gesehen, wie Jesus ganze Familien heilt? Lass dir nicht einreden, es ginge nicht! Rüttele Menschen wach und erinnere sie an dieses unfassbare Geschenk, das Jesus uns gemacht hat!“

„Aber ich bin doch erst seit einem Monat getauft? Wie kann ich ein Beispiel sein?“

„Verlass dich auf mich,“ sagte Gott. „Ich habe in dein Herz geschaut, ich weiß, dass du es kannst!“

Es gibt nichts, was Gott nicht tun könnte! Er vollbringt Wunder!

❁❁❁

So, nun weißt du, wie es dazu kam, dass ich mich auf das Abenteuer eingelassen habe, dieses Buch zu schreiben.

Ja, ich möchte gern, dass viele Menschen entdecken können, wie der Glaube an Gott ein Leben positiv verändern kann. Und deshalb nehme ich dich nun mit auf die emotionalste Reise meines Lebens. Außer mir wirst du auch noch ein paar andere Menschen kennenlernen, die für sich entdeckt haben, dass die Taufe ihr Leben bereichert hat.

Am Ende des Buches wirst du dir selbst ein Bild darüber gemacht haben, ob der Glaube auch für dich etwas sein könnte. Vielleicht fragst du dich ja sogar: „Soll ich mich taufen lassen?" Oder du fragst es dich für deine Kinder. Falls das so ist, weißt du nach der Lektüre hoffentlich etwas mehr über die Taufe als ich zu Beginn meines Wegs, der mich zu diesem Ritual geführt hat.

Also, es geht los. Mach es dir bequem, lehn dich zurück, leg die Füße hoch und tauche ab in meine Geschichte.

Mein allererster Gottesdienst

Ich bin das unbeschriebene weiße Blatt der Kirche

Die Geschichte einer Begegnung mit Gott aus der Bibel

Der junge Samuel versah den Dienst des Herrn unter der Aufsicht des Priesters Eli. In jenen Tagen waren Worte des Herrn selten; Visionen waren nicht häufig.

Eines Tages geschah es: Eli schlief auf seinem Platz; seine Augen waren schwach geworden und er konnte nicht mehr sehen. Die Lampe Gottes war noch nicht erloschen, und Samuel schlief im Tempel des Herrn, wo die Lade Gottes stand.

Da rief der Herr den Samuel, und Samuel antwortete: Hier bin ich. Dann lief er zu Eli und sagte: Hier bin ich, du hast mich gerufen.

Eli erwiderte: Ich habe dich nicht gerufen. Geh wieder schlafen!

Da ging er und legte sich wieder schlafen.

Der Herr rief noch einmal: Samuel!

Samuel stand auf und ging zu Eli und sagte: Hier bin ich, du hast mich gerufen. Eli erwiderte: Ich habe dich nicht gerufen, mein Sohn. Geh wieder schlafen! Samuel kannte den Herrn noch nicht und das Wort des Herrn war ihm noch nicht offenbart worden.

Da rief der Herr den Samuel wieder, zum dritten Mal. Er stand auf und ging zu Eli und sagte: Hier bin ich, du hast mich gerufen.

Da merkte Eli, dass der Herr den Knaben gerufen hatte. Eli sagte zu Samuel: Geh, leg dich schlafen. Wenn er dich ruft, dann antworte: Rede, Herr; denn dein Diener hört. Samuel ging und legte sich an seinem Platz nieder.

Da kam der Herr, trat heran und rief wie die vorherigen Male: Samuel, Samuel!

Und Samuel antwortete: Rede, denn dein Diener hört.

[...]

Samuel wuchs heran, und der Herr war mit ihm.

(1. Buch Samuel, Kapitel 3, Vers 1–19)

Das ist der erste Bibeltext, den ich höre und über den gepredigt wird, als ich zum allerersten Mal einen Gottesdienst besuche.

❁ ❁ ❁

Ich lasse die Autotür zufallen, streiche meinen karierten Mantel zurecht und fahre mit der rechten Hand in die Tasche, um nach Kleingeld zu suchen. „Sind drei bis vier Euro für die Kollekte wohl angemessen?", frage ich mich. Mit der linken Hand greife ich nach meinem Smartphone und stelle den Flugmodus ein: „Eigentlich ganz praktisch!", denke ich.

Meinen Mann sehe ich noch aus dem Auto aussteigen, er lässt die Hunde aus dem Kofferraum. Es ist zwanzig nach acht am Sonntagmorgen.

Ich habe in meinem Umfeld und bei Familie und Freunden gefragt, aber niemand wollte zum Gottesdienst mitkommen. Um halb neun beginnt er. Mein Mann geht in der Zeit des Gottesdienstes mit den Hunden spazieren, und danach wollen wir gemeinsam frühstücken. „Ich hoffe, dass mir der Gottesdienst gefällt, denn es könnte ein schönes Morgenritual werden", denke ich.

Morgen- und Abendrituale sind im Moment *das* Thema. In jeder Mindstyle-Zeitschrift, die ich aufschlage, dreht sich alles darum. Einen Altar zu Hause aufbauen und einen Ort der Ruhe finden, diese beiden Beiträge finden sich in jedem guten Blog.

Yoga und Buddhismus sind der Trend, aber mich interessiert der Tempel hier vor Ort. Meine eigene Kirche, die um die Ecke ist. In der ich zu jeder Zeit, wie es mir gefällt, Ruhe finden kann.

Ich bin nicht sauer auf meinen Mann, dass er nicht mitkommt. Wenn mich jemand vor drei Jahren in den Gottesdienst hätte „schleppen" wollen, hätte ich wahrscheinlich auch dankend abgelehnt. Obwohl ich allen Religionen schon immer sehr offen gegenüberstand.

Vor etwa einem Jahr habe ich beim Spazierengehen drei Nonnen getroffen und mich so gut mit ihnen unterhalten, dass ich schon eine Stunde später mit ihnen im Kloster war. Es hat mich bewegt, zu hören, was ein junges Mädchen zu der Entscheidung bringt, ihr ganzes Leben in den Dienst Gottes zu stellen und damit auch glücklich zu sein. Durch die Nonnen habe ich einen Einblick in den Klosteralltag und die damit verbundenen Pflichten und Vorteile bekommen. Auch über Zusammenhalt und Rituale habe ich einiges gelernt. Es hat mich bewegt, aber es ist nicht mein Weg.

Ich mag das freie, offene Leben, indem ich vielleicht ungeschützter bin. Aber eine Familie zu haben, meinen Mann zu haben, das ist für mich wichtig. Ich würde das nicht aufgeben wollen. Aber es hat mir damals gutgetan, das für mich herauszufinden.

Vor mir sehe ich jetzt ein älteres Ehepaar in die Kirche gehen, eine Familie mit zwei Kindern, eine junge Frau mit Kind und ein paar einzelne Leute, so wie mich.

Es ist eine kleine Kirche mitten im Ort. Eine schöne Kirche. Der Vorplatz ist bepflanzt, und als ich die schwere Eisenklinke herunterdrücke, um die Tür zu öffnen, bekomme ich fast ein feierliches Gefühl. Die letzten Anlässe, bei denen ich in der Kirche war, waren meistens Hochzeiten. Schöne, große Hochzeiten, die ich schon als Kind bewundert habe. Damals wohnte ich mit meinen Eltern eine Zeitlang direkt neben einer Kirche und habe oft heimlich in der letzten Bank gesessen und bei Trauungen zugeschaut.

Es hat trotzdem 34 Jahre gedauert, bis ich das erste Mal in einen Gottesdienst gegangen bin – nur für mich.

Und rückblickend sind mir meine ersten Eindrücke peinlich. Aber ich schildere sie hier ehrlich, weil gerade meine Unverblümtheit und meine Offenheit die Punkte sind, die Anregungen sein können, die Kirche in Zukunft neu zu gestalten. Und weil ich vermutlich nicht die Einzige bin, die ähnliche Erfahrungen macht.

Ich denke das, was jemand denkt, der

a) noch nie vorher in der Bibel gelesen hat,
b) noch nie einen Gottesdienst erlebt hat und
c) den Unterschied zwischen evangelisch und katholisch nicht kennt.

Ich bin sozusagen das unbeschriebene weiße Blatt der Kirche.

Als ich die Kirche betrete, denke ich sofort: „Puh, hier riecht's aber modrig. Uff, richtig modrig. Nicht nur ein bisschen, sondern richtig modrig. Ist hier jemand gestorben?"

Und dann blicke ich über den Altar nach vorne und sehe Jesus am Kreuz hängen. „Da habe ich ja die Antwort!", denke ich.

„Wie lange er da wohl schon hängt? Und was denken wohl Kinder, wenn sie das sehen? Wie kann der Jesus am Kreuz für sie etwas Gutes sein?“

Und dann fallen mir spontan Verbesserungsmöglichkeiten ein. Ich denke, dass ich zu Hause ein Gerät habe, das Aromaöle in der Luft verteilt. Während ich mich auf die hinterste Bank setze, stelle ich mir vor, wie das Gerät vorne auf dem Altar steht und einen schönen Lavendelduft verteilt. Das wäre entspannend und belebend, es würde bestimmt bis nach draußen duften und weitere Menschen anziehen, hereinzukommen.

Für Jesus habe ich auch eine Lösung. Was wäre, wenn wir ihm ein T-Shirt anziehen würden? Ich gehe grob den Schrank von meinem Mann durch und denke an ein türkises Calvin-Klein-T-Shirt und die passende Boxershorts. „Dann würden bestimmt mehr Jugendliche kommen.“

Als ich mich setze, spüre ich das nächste Problem. Harte Bänke laden dazu ein, nur ganz kurz Platz zu nehmen. In Gedanken lege ich fluffige Kissen auf die Bänke. Gerade für ältere Menschen wäre dann gesorgt.

Dann überlege ich für ein, zwei Minuten, ob ich mich zu einem Nickerchen hinreißen lasse. Jedoch: Es geht plötzlich Musik an. Was für ein Schreck mir in die Glieder fährt. Ist das laut. Und alle stehen auf. Warum stehen alle auf? Ich habe es bisher nur einmal erlebt, dass alle aufgestanden sind, als ich hereingekommen bin, und das war am Traualtar.

Es stehen wirklich alle auf, weil der Pfarrer hereinkommt. In mir kommt so ein Gefühl hoch, dass ich nicht weiß, ob ich vor diesem Mann aufstehen möchte. Schließlich weiß ich ja gar nicht, was für ein Mensch das ist. Aber ich mache es mit. Ich möchte höflich sein.

Ein wenig zieht es mir die Augen zu. Es ist morgens schon hart, sich gegen sein Rosinenbrötchen und Müsli zu entscheiden und stattdessen zuerst vollständig geschminkt und angezogen in die Kirche zu gehen. Ich habe extra Pumps angezogen, weil es mir so festlich vorkam.

Der Pfarrer steht am Altar, und ich bewundere ihn in seiner Kleidung, von der ich keine Ahnung habe, wie man sie nennt. Ich würde es einen Umhang nennen. Ob er sich darin wohlfühlt? Ob das was mit einem macht, wenn man eine solche Robe trägt, während man predigt?

Das „Workout" beginnt. Aufstehen, hinknien, setzen. Aufstehen, hinknien, setzen. Immer wieder. Warum machen die das?

Ich denke zurück an meinen Bürojob und die Outfits, die ich jeden Tag tragen musste. Spezielle Blusen, Röcke, Blazer mit Strumpfhosen und Pumps. Ich weiß, dass es was mit einem macht, wenn man sich so „verkleidet".

Ob es dem Pfarrer ein „Machtgefühl" gibt? Verhält er sich in Straßenkleidung anders? Ist das heute noch angemessen, in solch ungewöhnlicher Kleidung dazustehen und zu predigen, in einem modrigen Raum, in dem außer ein paar Kerzen nichts Wärme ausstrahlt?

Dann sehe ich die Gemeinde. Sie sprechen mit, genauer gesagt murmeln sie mit. Ich habe keine Ahnung, was da gemurmelt wird. Aber ich habe trotzdem das Gefühl, dass ich heute hier sein soll.

Aus meinem Nickerchen wird nichts, denn das „Workout" beginnt. Aufstehen, hinknien, setzen. Aufstehen, hinknien, setzen. Aufstehen, hinknien, setzen. Immer wieder. Warum machen die das? Mein Kopf dröhnt.

Ich weiß noch nicht, was das Evangelium ist und warum es keinen normalen Namen hat. Könnte man nicht einfach „Buch" sagen?

Dennoch: Ich soll an diesem Sonntag hier eine Predigt hören, sagt meine innere Stimme. Plötzlich überkommt mich ein tröstliches Gefühl. Ein zutiefst tröstliches Gefühl. Diese innere Stimme in mir, die mich hierher geleitet hat, scheint sich hier wohlzufühlen.

Ist das nicht ein Raum, in dem schon Hunderte von Menschen Trost gesucht haben? *Und brauche ich Trost?* Vielleicht würde ich das niemandem sagen, aber tief in mir brauche ich sehr viel Trost.

Ich beobachte die anderen, die Stille und ihre Hingabe an den Gottesdienst. Ich erinnere mich nicht, je eine solche Stille erlebt zu haben.

In mich fährt der Schreck, als die Musik wieder einsetzt. Ich suche verzweifelt eine Box, ein Smartphone oder irgendwas, von wo aus die Musik gesteuert wird. Ich kenne das Lied nicht, die Stimme ist laut und die Töne sind hoch. Und dann erhebt sich mein Kopf, ich gehe wie paralysiert mehrere Schritte im Gang nach vorne und drehe mich um. Vor den Augen aller anderen schaue ich nach oben, und da steht sie: die Orgel.

Es ist mir so peinlich, dass ich dachte, dass die Musik von Spotify ausgeht. Ich kann mich nicht erinnern, irgendwo im Alltag schon mal ein solches Instrument erlebt zu haben. Und das mitten am Tag, nicht vor einem Konzertpublikum, sondern vor nur etwa 15 Menschen.

Ich bin absolut aufgeregt. Musik! Echte Musik am Sonntagmorgen. Und daneben ein Geigenspieler. Ich kann es nicht fassen. Und eine Frau, die für uns singt!

Für nur 15 Menschen so ein Konzert! Meine Seele wird beflügelt, als ich höre, dass die Menschen mitsingen. Sie scheinen die Texte zu kennen, für sie scheint das normal zu sein. Auf mich macht es einen riesengroßen Eindruck.

Warum ist der Gottesdienst so angelegt, dass ich zwischendurch nichts fragen kann?

Jetzt kommt die Predigt. Über diesen Samuel. Als der Text vorgelesen wird, denke ich: *Cool. Auch ein Anfänger. Noch einer, der nicht weiß, wie das geht mit Gott.* Ich fühle mich irgendwie verstanden.

Ich verstehe an diesem Tag nicht viel von der Predigt, aber ich werde nie ihre Botschaft vergessen, als der Pfarrer sagt: *„Wenn der Ruf Gottes kommt, lass alles stehen und liegen. Folge seinem Ruf und diene Gott."*

Ja, ich wurde wahrlich hierher gerufen. Es ist kein aktueller Trend. Es ist sogar so, dass ich gefragt werde, wie ich es vertreten kann, angesichts all der bekannten Skandale in die Kirche zu gehen. Aber die Menschen, die das fragen, kennen mich schlecht. Ich habe mir schon immer ein eigenes Urteil über eine Situation erlaubt. Ich werde keine Meinung der Medien übernehmen, und ich frage mich nicht, was im Vatikan passiert. *Ich frage mich, was hier im Ort, in dieser kleinen Kirche passiert.*

Ist die Kirche überholt? Wird die Kirche gebraucht? Wie kann ich mir ein Urteil darüber bilden, wenn ich keine Erfahrung damit habe?

Eine Stimme in mir sagt, dass es für heute genug Anregungen sind. Aber dann geht der Pfarrer herum und verteilt Oblaten. Ich höre, dass es der Leib Christi ist, und das finde ich im ersten Augenblick höchst irritierend. Mir schießt eine Frage in den Kopf: „Was ist mit denen, die eine Low Carb Diät machen? Können sie die Oblate ablehnen? Was ist mit denen, die eine Glutenunverträglichkeit haben, gibt's das auch als Reiswaffel?"

Ich blicke mich um, der Pfarrer kommt immer näher. Die Menschen strecken ihre Hände aus, und das sieht irgendwie bedürftig aus, so als hätten sie lange nichts zu essen bekommen. Ist das nicht komisch? Haben sie auch langsam Frühstücksappetit? Der Pfarrer kommt immer näher, und aus Höflichkeit esse ich die Oblate auch.

Ich frage mich: Warum ist der ganze Gottesdienst so angelegt, dass ich zwischendurch nichts fragen kann? Ich bin doch neu! Warum erklärt mir niemand, was hier passiert?

✿✿✿

Am Abend beginne ich, die Eindrücke von meinem ersten Gottesdienst ins Tagebuch zu schreiben. Mein erstes Fazit: Ich habe nicht das Gefühl, dass ich eine fanatische Kirchgängerin werden soll. Im Gegenteil, so wie ich bin, mit meiner unverblümten Art, so soll ich bleiben. Mit aller Direktheit. Es fühlt sich einfach richtig an. Ich weiß nicht, was noch auf mich zukommt.

Aber ich bin dem Ruf Gottes gefolgt und habe den Mut gehabt, mit 34 Jahren zum ersten Mal überhaupt an einem Gottesdienst teilzunehmen. Ich hatte auch den Mut, mich meinem Unwissen zu stellen.

Ich könnte mich dafür rügen, dass ich nicht wusste, dass es eine Orgel gibt, aber ich beglückwünsche mich dafür, dass ich es rausgefunden habe. Aus dem Alter der Selbstbestrafung bin ich raus. Ich lache zu Hause laut über mich selbst. Und mit diesem Lachen erzähle ich die Geschichte weiter.

Und hoppla, auf einmal erwähne ich die Kirche in meinem Alltag. Ich beginne, mir Gedanken zu machen. Die Menschen lachen mit mir und fangen an, mir ihre Eindrücke von der Kirche zu erzählen. Soll es nicht genauso sein? Es fühlt sich so an, als sollte ich mehr herausfinden. Und das möchte ich auch.

Aber wie kam es überhaupt dazu, dass ich mich in einem Gottesdienst wiederfand? Das ist eine lange Geschichte, und dazu müssen wir einige Jahre zurückblättern.

Warum ich meinen Glauben erst verlieren musste, um ihn zu gewinnen

„Mädel, es hat keiner gesagt, dass das Leben einfach ist!"

Als ich zum ersten Mal wahrgenommen habe, dass es eine innere und eine äußere Welt gibt, war ich 16. Und es geschah durch ein schlimmes Ereignis.

Bis zu diesem Zeitpunkt dachte ich, die Dinge sind so, wie ich sie sehe. Und das fröhliche und lustige Leben liegt vor mir.

Nach der Trennung meiner Eltern lebte ich bei meinem Vater. Mein Vater war der große, starke Mann in meinem Leben. Mein Vater war der, der die Richtung angab. Er war mein Retter, mein Beschützer, mein bester Freund. Er war ein Mensch, der immer ein Augenzwinkern und ein Lachen für mich hatte. Er gab mir Geborgenheit und Lebenszuversicht. Zwischen uns gab es nur eine Regel, und die lautete: „Sei ehrlich und gib dir Mühe, egal, was du tust." Danach lebte ich. Wenn ich schwierige Hausaufgaben zu erledigen oder schwere Klausuren vor mir hatte, wusste ich, dass ich mir nur genug Mühe geben musste, dann würde ich es schaffen.

Und dann erkrankte mein Vater an Krebs. Ich erinnere mich, dass ich am Tag nach der Diagnose in der Schule saß, der Mathelehrer hereinkam, meine Schulkameradinnen lachten und der

Unterricht weiterging wie immer. Als sei nicht gerade die Welt untergangen und ich innerlich zerbrochen. In tausend Stücke. Ich erinnere mich genau, haargenau. Denn nach diesem Tag verließ mich dieses Gefühl nicht wieder. Es hielt jahrelang an. Ich habe in diesem Jahr eine schlechtere Mathenote erhalten, weil ich mich nicht so häufig wie sonst im Unterricht gemeldet hatte. Das fand ich ungerecht. Niemand merkte, was in mir los war. Ich war verzweifelt und ohne Hoffnung, aber die Welt um mich herum lachte und drehte sich weiter wie bisher. Meine innere und meine äußere Welt konnten nicht unterschiedlicher sein. Ich war verzweifelt und ohne Hoffnung, aber die Welt um mich herum lachte und drehte sich weiter wie bisher.

Zu dieser Zeit überlegte ich, die Schule hinzuschmeißen. Hauptsache, ich hätte jeden Tag mit meinem Vater verbracht. Zuerst lachten wir den Krebs aus; schließlich hatten wir bisher schon so manche Krise gemeinsam durchgestanden. Zunächst sorgten wir uns nicht zu sehr. Mein Vater war stark, ging zu den Operationen, um dann sein Leben neu anzupacken und weiterzumachen. Er hat mich gehalten, obwohl er krank war. Er ließ niemals zu, dass ich die Schule vernachlässigte. Er wollte nicht, dass seine Erkrankung meinem Leben im Weg stand. Ihm war schmerzlich bewusst, mehr als mir damals: Ich hing an ihm und hätte alles für ihn aufgegeben.

Es kam so, dass ich bis zum Abitur jede Prüfung schaffte. Manchmal musste mein Vater mich beim Lernen sogar bremsen. Ich wollte angesichts der Situation alles besonders gut machen und ihn mit meinen Noten erfreuen. Trotz der Erkrankung lebten wir auf einen fröhlichen Tag zu: meinen Abiball.

Bis zu diesem Tag verbrachte ich viel Zeit in Arztpraxen, Kliniken, bei Therapeuten und Logopäden. Da mein Vater nur mich hatte, fielen mir sehr viele neue Aufgaben zu, und ich begann, mich zusätzlich um das komplette Haus, das Einkaufen, den Hund und alle Aufgaben und Wege, die im Rahmen dieser Krankheit anfielen, zu kümmern. Meinem Vater fiel es emotional gesehen sehr schwer, mir diese Aufgaben zu übertragen, aber er wurde immer schwächer und brauchte viel Ruhe. Aber ich weiß, dass es nicht der Krebs war, was ihn vor allem schmerzte, sondern zu sehen, wie sein kleines Mädchen diese ungeheure Last auf der Seele tragen und noch dazu Aufgaben übernehmen musste, die Teenager eigentlich überhaupt nicht haben sollten. Das Schlimmste für ihn war der Gedanke, was passieren würde, wenn er sterben würde, bevor ich 18 wäre. Er wollte zumindest durchhalten, bis ich mein Abitur in der Tasche hätte.

Die Ärzte gaben ihm unterschiedliche Aussichten. Bei seiner Diagnose war er 45 Jahre alt. Es traf uns mitten im Leben wie ein Schlag. Deswegen war es gut, dass wir gemeinsam wirklich gelebt haben. Wir haben oft Sachen gemacht, die andere in meinem Alter vielleicht nicht gemacht hätten. Die Jahre, die wir hatten, haben wir wie ein großes Fest gelebt. Bei uns plätscherten die Tage nie nur so dahin. Wir füllten sie mit Leben. Mit sehr viel Leben.

Ich lernte mit fünf Jahren Skifahren. Und ich gebe zu, dass wir oft viel zu schnell fuhren. Wir standen früh auf, weil wir die Ersten sein wollten, die Spuren im unberührten Schnee hinterließen. Es gab einmal eine Situation, in der wir auf einer schwarzen Piste standen und mein Vater rief: „Ich mache jetzt eine Schussfahrt, und du bleibst hier." Daneben stand eine Skilehrerin, die mir zunickte, dass ich warten sollte. Sobald er gestartet war, folgte ich ihm in vollem Tempo, und alle hielten die Luft an. Da war ich vielleicht sieben Jahre alt. Ich wusste nicht, was ich tat und was passieren könnte. Diese Situation zeigt das unbändige Vertrauen ins Leben und ineinander, das wir hatten.

Alles, was wir gemeinsam taten, klappte, weil dieses Vertrauen da war. Ich musste nie gehorchen oder „erzogen" werden, weil ich sowieso immer auf ihn hörte. Er schrie nie. Er war immer gelassen und cool. Er hatte schwarzes Haar, und er sah aus wie Patrick Swayze, um mal ein Bild zu vermitteln. Er hatte muskulöse Oberarme und machte Liegestütze, während ich auf seinem Rücken saß. Es gab niemanden, der ihn nicht auf der Straße grüßte, und ich blickte zu ihm auf. Die Ratschläge, die er mir gab, passten ins Leben. Mit seinen Ratschlägen kam ich im Leben voran.

Mein Vater war ein Mensch, der seine Freiheit hart erarbeitet hatte. Von nichts und niemandem abhängig zu sein und das Leben selbst zu gestalten, das hat ihn seit seiner Kindheit angetrieben. Das war ein ständiger Motor in ihm. Um das zu verstehen, muss man vielleicht wissen, wo er herkam.

Wir besuchten meine Großeltern regelmäßig in Chemnitz, dort sind wir geboren. Sie lebten in einem Altbau im dritten Stock, und sie hatten kein Badezimmer, keine Toilette und keine Dusche. Es war die Wohnung, in der mein Vater aufgewachsen war. Bis er 16 war, schlief er zusammen mit seinen Eltern im Schlafzimmer. Im Winter war es so kalt, dass Eisblumen am Fenster zu sehen waren. Ich erinnere mich daran, weil es in meiner Kindheit immer noch so war. Es wurden längst neue Häuser gebaut, aber mein Opa hielt an dieser Wohnung fest. Ich sah ihn mein ganzes Leben nur im selben Sessel sitzen. Später war ich dabei, wie eine Dusche in der Küche eingebaut wurde. Meine Oma hatte mir bisher immer auf dem Herd Wasser für den Zahnputzbecher warm gemacht. Die Toilette war ein Stockwerk drunter. Für meinen Vater muss die Situation sehr bedrückend gewesen sein.

Noch dazu teilte mein Opa gerne Fausthiebe aus. Mein Vater nahm ihn nie als Autoritätsperson wahr. Einmal, als mein Opa zuschlagen wollte, duckte mein Vater sich, und der Fausthieb traf die Oma, die hinter ihm stand. Da hat mein Vater gelacht und ist einfach gegangen.

Mein Vater hat sich sein ganzes Leben selbst aufgebaut. Er hat Fußball gespielt, auf vielen Fotos sah ich ihn als Torwart. Auf jedem Foto lacht er, er war beliebt und hatte viele Kumpels. Als die Mauer fiel, hatte er seinen Ausreiseantrag bereits geschrieben. Da war er 31, und ich war drei. Er sehnte sich nach Freiheit, denn er hatte das Leben seiner Eltern vor Augen, und dieses Leben wollte er auf keinen Fall leben. Er sehnte sich nach Fortschritt und Möglichkeiten. Er wollte etwas aus sich machen, sich selbst etwas ermöglichen. Nach der Grenzöffnung ging er 1990 nach Hannover, weil er dort für drei Wochen bei jemandem unterkommen konnte, den er flüchtig kannte. In diesen drei Wochen suchte er sich eine Wohnung und einen Job.

Es waren verrückte Zeiten. In dieser Zeit aß ich meine erste Kiwi, und ich dachte, dass es pelzige Kartoffeln seien. Als wir mit dem Lkw unsere Sachen aus Chemnitz abholten, gab mir jemand eine erste Banane. Ich erzähle das, weil es unfassbar ist, wie sich die Welt in diesen 30 Jahren entwickelt hat. Manchmal scheint es mir unfassbar, welche Reise ich seitdem gemacht habe und wie oft ich über mich hinauswachsen musste.

Ohne zu sehr ins Detail zu gehen, kann ich sagen, dass mein Vater hart für seine Integration gearbeitet hat. Allein wegen unseres Dialekts wurden wir nicht selten komisch angeschaut. Als mein Vater dachte, dass er Freunde hätte, gründete er mit ihnen eine Firma – und wurde dann übervorteilt. Uns fehlte ein ganzes Jahresgehalt. Das sind alles Dinge, die nebenbei passierten. Trotzdem hat mein Vater immer gelacht. Er hat nie resigniert. Vielleicht hat er deshalb auch mir jede Chance, die sich mir bot, gegönnt und mir geholfen, sie wahrzunehmen.

Ich weiß, dass ich mit 13 unbedingt Bungee-Jumping ausprobieren wollte. Ich glaube, das fand mein Vater ein bisschen früh. Er sagte, ich solle es nicht tun. Mein Problem war nur, dass ich es in der Schule angekündigt hatte. Damals wurde ein großer Kran auf dem Platz vor dem örtlichen Kino aufgebaut, und genau dort ging ich hin. Ich wollte nicht aufgeben. Ich erzählte meinem Vater, dass ich vorhatte, den Sprung zu machen, weil ich ihm gegenüber ehrlich sein wollte.

Ich war damals schon über 1,70 groß und wurde daher nicht nach dem Alter gefragt. Ich fuhr also mit dem Kran hoch, und meine Freunde standen unten. Leider gab es einen Ansager, der unten mit einem Mikrofon stand und die ganze Zeit rief: „Macht sie es, oder traut sie sich nicht?!" Das führte dazu, dass ich immer unsicherer wurde und auf der Plattform festwuchs.

20 Minuten lang kündigte der Sprecher mich an. Mittlerweile stand auch mein Vater unten. Meine Freunde fingen an zu lachen, und es war mir unglaublich peinlich. Ich wurde von der Plattform heruntergefahren, während die ganze Truppe johlte.

Als ich unten war, nahm mein Vater das Mikrofon und sprach hinein: „Es ist nicht Alines Schuld. Ich hatte versprochen, pünktlich da zu sein und mit ihr zu springen, aber leider war ich zu spät. Wir fahren jetzt hoch und springen gemeinsam!" Dabei hatte mein Vater eine unglaubliche Höhenangst! Noch dazu war er sauer, dass ich nicht auf ihn gehört hatte. Aber dass jemand seine Tochter auslachte, das wollte er nicht zulassen.

Wir fuhren also hoch. Als wir oben standen, gab uns jemand einen Schubs und sagte uns, dass wir uns nach dem Fallen loslassen sollten. Also fielen wir und wurden durch die Luft gewirbelt. Danach fanden sich unsere Hände wieder, wir umarmten uns und hielten uns fest, bis wir unten waren. Es hat das Vertrauen in das, was wir füreinander waren, nochmals gestärkt. Wir konnten uns immer aufeinander verlassen.

Mein Vater hat mir definitiv eine glückliche Jugend geschenkt.

Ja, mein Vater hat hinterher noch ein Wörtchen mit mir geredet. Aber dennoch werde ich es ihm nie vergessen und muss sagen: Meinen Vater an diesem Tag durchs Mikro erklären zu hören, dass alles seine Schuld war, das hat mir damals meine kleine Welt gerettet.

Ein Jahr später machte ich meinen ersten Fallschirmsprung. Ich weiß, dass man das mit 14 nicht darf, aber ich sah schon aus wie 16. Ich bin mit dem Tandem-Springer aus diesem hohen Flugzeug gesprungen, und als ich unten war, bin ich meinem Papa in die Arme gelaufen. Ich erzähle das, weil wir schon zwei Jahre später mit dem Krebs zu kämpfen hatten und ich über jedes dieser Ereignisse in meinem Leben unendlich froh bin. Ich bin so froh, dass wir unsere Chancen genutzt haben.

Mein Vater hat mir definitiv eine glückliche Jugend geschenkt. Ich erinnere mich, dass ich mit 14 mein erstes Handy bekommen habe. Ein wenig später bekam mein Vater zu hören, dass ich ständig im Unterricht SMS verschickte. Ich habe damit nach seinen ermahnenden Worten nicht aufgehört. Also begann er, mir jeden Tag unglaublich viele Kuss-Smileys zu schicken. Das war superpeinlich für mich, weil meine Freunde fragten, wer mir ständig Nachrichten schriebe. Sie schnappten sich das Handy und sahen die vielen Nachrichten von Papa. Für ein 14-jähriges Mädchen unglaublich peinlich. Mein Vater sagte, er werde erst wieder aufhören, wenn ich im Unterricht mein Handy weglegte. Das zeigt nur, dass mein Vater mit mir dieselben Themen zu klären hatte, die alle Eltern mit Kindern diskutieren. Sein Weg war immer der Humor. Es gab nichts, das er nicht mit Humor gelöst hätte. Er hat mir beigebracht, dass ich meine Freunde anlächeln soll. Und meine Feinde angrinsen.

Als ich anfangen wollte, Alkohol zu trinken, gab er mir zuerst einen Eiswein. Der war so ekelig süß, dass ich nie mehr Wein angerührt habe. Danach war das Thema Alkohol für mich tabu.

Mein Vater war präsent in meinem Leben. Er wusste, was mich beschäftigte, und er wusste aus seiner eigenen Kindheit, wenn er etwas verbot, würde ich andere Wege finden – und es würde mich vielleicht von ihm entzweien.

❁ ❁ ❁

Die Zeit mit meinem Vater war wesentlich kürzer, als ich es mir gewünscht hätte, aber ich könnte stundenlang solche Geschichten erzählen. Niemand möchte die Geschichte hören, wie mein Vater Fan von Shakira wurde und eine Reise nach Brasilien geplant hat, obwohl die Ärzte sagten, dass er nicht mehr reisefähig sei! Später hat er fast das ganze Hospiz abgefackelt, weil er sich immer wieder Zigaretten angezündet hat. Jedes Mal, wenn ich ins Hospiz kam, sagten mir die Krankenschwestern, dass sie mit Feuerlöscher und Branddecke sein Zimmer gestürmt hatten. Und er solle bitte auch nicht so laut seine Peter-Maffay-Musik aufdrehen, denn die Dame im nächsten Zimmer versuche zu sterben! Mein Vater kümmerte sich allerdings nicht darum. Wer hätte ihn denn noch bestrafen können!?

Zwei Wochen vor seinem Tod hatte er Geburtstag, und alle seine Freunde kamen ins Hospiz. Es war der wärmste April seit 20 Jahren. Wir stellten gelbe Sonnenschirme auf. Wäre es nicht so grausam gewesen, hätte ich mich wie im Urlaub gefühlt. Wir saßen auf seiner Terrasse auf einer Bierbank. Wir aßen einen selbst gebackenen Lieblingskuchen, einen Bienenstich, und saßen alle völlig bedröppelt da. Ich schenkte ihm eine selbst gebastelte Leinwand mit Fotos von uns. Wahrscheinlich das Sinnloseste, was ich schenken konnte. Aber was schenkt man jemandem, der bald stirbt?

Es war der verrückteste Geburtstag aller Zeiten. Mein Vater schickte mir am Abend eine SMS: „Danke." Er wollte zuerst nicht feiern, denn er wollte seinen Freunden seinen Anblick nicht zumuten. Aber es ist besser, mit Freunden gemeinsam einen solchen Tag auszuhalten als allein. Deswegen habe ich diesen Tag geplant. Mein Vater war erst verstimmt und ärgerlich, aber das hielt auch nicht lange an. Denn lange sauer zu sein, macht in dieser Situation auch keinen Sinn.

Mein Vater hat alles gegeben, damit ich leben und meine Chancen nutzen konnte. Und bei aller Trauer ist es das, was ich immer wieder denke: Er will, dass ich lebe. Er hat zwei Jahre länger gelebt, als die Ärzte es uns vorhergesagt hatten. Und das war pure Willenskraft. Er wollte dabei sein, wenn ich Abitur machte. Er wollte mich nicht im Stich lassen, wenn ich meine erste eigene Wohnung bezöge. Er wollte, dass ich ein Studium anfange. Er wollte, dass ich mein Talent nutze. Dafür hat er gelebt. Und dafür hat er bis zuletzt gekämpft.

Es ist ein unglaubliches Geschenk, dass ich einen Menschen wie ihn in meinem Leben hatte. Ich habe Erinnerungen, die niemand hat. Und die sind für mich ein Schatz. Darauf greife ich zurück, wenn ich Stimmungstiefs habe. Ich fühle mich dann manchmal wie auf dieser Plattform beim Bungee-Springen. Ich stehe oben und traue mich nicht. Doch dann spüre ich diese Stärke, die mein Vater mir gegeben hat, und mithilfe dieser Stärke kann ich springen. Auch wenn ich meinen Vater nicht mehr sehen und fühlen kann, so kann ich mir diese Stärke vorstellen und vor meinem inneren Auge aufrufen. Das weckt einen unfassbaren Mut in mir. Mit diesem Mut kann ich die Zukunft gestalten. Mein Vater hatte immer Mut. Er hatte sich zuletzt eine kleine Firma aufgebaut, mit zehn Mitarbeitern. Er kam aus diesem kleinen Zuhause ohne eigenes Zimmer. Arm. Ohne Rückhalt. Mein Vater war ein Wunder. Mir ist klar, dass ich diesen Geist weiterführen möchte. Den Geist der Freiheit.

✿ ✿ ✿

Den Tag des Abiballs werde ich nie vergessen. Ein halbes Jahr zuvor hatten die Planungen begonnen. Alle Abiturienten waren nach den Prüfungen erleichtert und gelöst, und der ganze Jahrgang hatte viel Spaß. Dann wurde ein Termin für eine weitere OP meines Vaters auf diesen Tag gelegt. Ich wollte natürlich unbedingt, dass mein Vater nach 13 Jahren Schule diesen Tag mit mir zusammen feiern konnte! Ich fand es ungerecht. Und wieder einmal wurde mir klar, dass meine innere und meine äußere Welt total unterschiedlich waren. Äußerlich sah man eine fröhliche Abiturientin, und innerlich ging die Welt in mir unter! Mein Vater sprach mit dem Krankenhaus: „Ich möchte diesen einen letzten Tanz mit meiner Tochter tanzen. Bitte, verschieben sie die OP um einen oder zwei Tage." Ich habe meinen Vater vorher noch nie um etwas bitten hören. Er war immer stark, er hat alles allein geschafft. Wir wussten zu diesem Zeitpunkt, dass er nach dieser anstehenden Operation das Krankenhaus nicht mehr verlassen würde. Das Krankenhaus verschob den Termin.

So schlimm es sich anhört, aber ich habe durch den Krebs gelernt, jede Sekunde zu nutzen.

Mein Vater zog seinen besten Anzug an. Er trug eine Krawatte in der Farbe meines Kleides und ging mit mir zum Ball. Es wurde ein Foto von uns gemacht. Er steht darauf neben mir, stolz und aufrecht. Er war stolz und aufrecht bis zu seinem Tod. An diesem Abend gab es einen Tanz, den die Töchter mit den Vätern tanzten. Ich nahm seine warme, weiche Hand. Ich blickte mich um und wusste: Für alle anderen war dieser Abend nur eine große Party. Aber für mich war es der allerletzte Tanz mit ihm. Nie würde er mit mir am Tag meiner Hochzeit tanzen. Nie mehr da sein, wenn ich Fragen hätte. Ich schmiegte mein Gesicht an seinen Hals und sog den Duft seines Rasierwassers, seiner Creme und diesen Geruch, den nur der eigene Papa hat, in mich auf, und dann wirbelte er mich herum! Es war kein trauriger Tanz! Ganz und gar nicht! Er wirbelte mich umher, und ich lachte. Ich lachte so sehr, dass ich nicht mehr aufhören konnte. Wir tanzten den ganzen Abend, bis wir nicht mehr konnten. Wir dachten nicht an morgen. Und das ist sein Lebenswerk, ja, sein Geschenk an mich: Feiere jede einzelne Minute. Verschiebe deine Tränen auf morgen.

So schlimm es sich anhört, aber ich habe durch den Krebs gelernt, jede Sekunde zu nutzen.

❁❁❁

Nach diesem Abiball haben meinen Vater sehr schnell die Kräfte verlassen, aber er hat noch mit mir darüber gesprochen, was ich studieren und wie ich an meine erste eigene Wohnung herangehen solle, wenn er nicht mehr da wäre. An dem Tag, an dem ich sein Zimmer im Hospiz räumte, fand ich ein Blatt, auf dem er den Grundriss meiner ersten eigenen Wohnung eingezeichnet hatte. Er wollte mir zeigen, wie ich die Möbel stellen sollte. Die Heizungen waren eingezeichnet, zu mehr war er nicht mehr gekommen. Das Blatt lag auf seinem Nachtisch. Von gegenüber lächelte mich die Leinwand mit unseren Fotos an. Sein „Danke", war die letzte SMS, die ich von ihm bekommen hatte. Ich nahm das Blatt, die Leinwand und seine Peter-Maffay-CD. Aber bevor ich ging, legte ich sie noch einmal in den CD-Player und spielte sie in voller Lautstärke ab!

❁❁❁

Dann begann die Zeit, wo er nicht mehr da war. Für kurze Zeit hatte ich geglaubt, dass ich mich nach fast fünf Jahren Stress durch die Krankheit jetzt ausruhen könnte. Aber stattdessen erlebte ich etwas Neues, das ich noch nie gekannt hatte: Existenzsorgen! Darüber hatte ich mir mit 20 noch gar keine Gedanken gemacht! Auf einmal musste ich selbst dafür sorgen, dass jeden Monat Geld aufs Konto kam. Ich hatte zwar schon seit Längerem immer wieder den einen oder anderen Job gehabt, aber kein Back-up mehr zu haben, niemanden, den ich um Rat fragen konnte, das war neu.

Als ich die Beerdigung organisierte, war ich verwirrt, weil mir alles so geschäftsmäßig vorkam. Keiner war dort traurig. Sie boten mir eine leuchtende Weltkugel als Urne an. Ich fühlte mich wie im falschen Film. Und auf einmal brauchte ich eine Hausratversicherung, eine neue Küche und zahllose Dinge, mit denen ich nicht gerechnet hatte. Ich dachte, dass es genug sei, dass ich mich bis zuletzt um meinen Papa gekümmert hatte. Aber es war nicht genug. Immer neue Aufgaben türmten sich vor mir auf. Ich habe wirklich tiefes Mitgefühl mit jedem, der auf dieser Welt ins Leben startet. Es ist verwirrend, verstörend und überhaupt nicht easy.

✿ ✿ ✿

Damals konnten viele meiner Freunde nicht verstehen, wie sehr der Tod meines Vaters mein Leben verändert hat. Er sei ja „nur" gestorben, und das passiere vielen. Eine enge Freundin von mir flüsterte einmal hinter meinem Rücken: „Sie ist ja immer noch nicht darüber weg." Das hat mir damals sehr wehgetan.

Ich war zu dem Zeitpunkt, als er erkrankte, allein noch nicht überlebensfähig. Ich konnte noch nicht unterscheiden, wer es mit mir gut meint und wer nicht. Ich lebte in dieser heilen kleinen Blase, die zwischen mir und meinem Papa bestand. Er hielt alles von mir fern. Ihn jeden Tag so unfassbar leiden zu sehen, war das Schlimmste. Am liebsten hätte ich es ihm abgenommen. Ich war noch so jung, dass ich zwischen seinem und meinem Schmerz nicht unterscheiden konnte. Wenn er litt, dann litt ich auch. Und als er tatsächlich starb, waren das Krankenhaus und das Hospiz mein Zuhause geworden.

Ich hatte dem Leid so tief ins Auge gesehen, dass ich nicht wieder auf die Welt blicken konnte wie zuvor. Ich sah keinen Weg für mich. Die Welt drehte sich Tag für Tag weiter. Jetzt, wo ich das Leid einmal gesehen hatte, konnte ich nicht mehr wegschauen. Ich sah das Leid überall. Das Leben kam mir nicht mehr wie ein großer Spaß vor, und ich hatte Schwierigkeiten, meinen Platz zu finden.

Ich hatte ihn verloren: meinen Glauben an die Welt. Meinen Glauben daran, dass das Leben gut sein könnte. Jedenfalls für mich.

Ich verstand: Dieses Leben konnte nicht alles sein. Dieses Leben konnte nicht das wahre Leben sein. Es musste noch etwas Höheres geben.

Und eine lange innere Suche begann.

Karfreitag

Ich entdecke: Die Bibel ist ehrlich

In zwei Tagen werde ich getauft. Doch bevor ich an Ostern das Leben feiere, nehme ich mir erst einmal vor, den Tod zu verstehen. Ich war noch nie zuvor an Ostern im Gottesdienst und dachte bisher, dass Ostern für die Ostereier da ist.

Als ich mich umschaue, sehe ich, dass nicht viele Menschen da sind. Und ich habe auch eine Ahnung, warum. Was ich sehe und höre, verstört mich. Ich verstehe es kaum. Ich verstehe nur Blut und Tod. Dieser Gottesdienst ist ein richtiges Brett. Als am Ende das Kreuz in rotem Samt verhüllt reingetragen wird, ist das für mich ganz schön viel.

Heute ist Feiertag. Warum sollte ich um 15 Uhr in einen Gottesdienst gehen und mir die ganze Todesgeschichte anhören? Trotzdem fühlt es sich für mich heute richtig an, hierherzukommen.

Warum stellen sie denn nicht einen gesunden, attraktiven, kraftvollen Jesus vorne hin?

Plötzlich schießt mir eine Frage in den Kopf: Warum stellen sie denn nicht einen gesunden, attraktiven, kraftvollen Jesus vorne hin? Warum zeigen sie immer diesen leidenden Jesus am Kreuz?

Ich gebe zu, dass ich erst vor Kurzem mit dem Bibelfieber

entfacht wurde. Bible Journaling boomt auf Instagram, ich habe gleich den Hashtag abonniert. Und etwas habe ich mittlerweile für mich festgestellt: *Die Bibel ist ehrlich.* Sie zeigt den Menschen, dass es Leid gibt. Sie redet es nicht schön.

Das Schönreden, das erlebe ich im Moment eher bei dem Boom an Mindstyle-Magazinen: eine Verharmlosung des Leids. Da heißt es dann, dass am Ende alles einen Sinn ergibt, wenn wir leiden. Dass es uns wachsen lässt und einen höheren Sinn hat. Dass wir Frieden finden und Frieden schließen sollen damit, wer wir sind. Wenn ich mit Leiden fertig bin, denke ich das auch. Wenn ich mittendrin stecke, nützt mir das wenig.

Ich habe viele buddhistische Bücher gelesen, Seminare belegt und viel Yoga gemacht. Mir kommt diese Welt manchmal nicht ehrlich vor. Tiefe Wunden und großer Schmerz werden weggelächelt oder weggeatmet. Es wird positives Denken gelehrt.

Ich muss sagen, in dem Moment, in dem ich leide, weil jemand gestorben ist, kann ich mir vielleicht sagen, dass es für etwas gut ist. Aber dennoch leide ich höllisch. Ich fühle unsagbaren Schmerz. Meine Wunden sind offensichtlich. Ich wandere monatelang durch die Welt und finde keinen Halt, auch wenn ich versuche, die Sache positiv zu sehen. Denn das Leid ist da. Und real. Und nah.

Ich erlebe unsere Gesellschaft eher so, dass wir erst wieder aus unserem Loch herauskrabbeln, wenn wir wieder „auf dem Damm" sind. Wir leiden nicht voreinander.

Ich lese überall, dass Verletzlichkeit die neue Stärke ist. *Nur wer zeigt sich denn wirklich verletzlich vor mir?* Mit all seinen Tränen und seinem unsagbaren Schmerz?

Im Yoga habe ich gelernt, dass ich an meinen Gefühlen nicht anhaften soll. Ich lasse sie ziehen wie Wolken. Ich habe oft auf der Matte gelegen und die Wölkchen gezählt. Und trotzdem habe ich danach zu Hause geweint. Allein. Ich bin ein Mensch, und ich leide. Meistens sitze ich dabei nicht im Kloster, sondern im Büro.

Und wenn ich traurig bin, muss ich weinen. Denn ich bin ein Mensch. Dieses Menschsein soll mir von der Gesellschaft abtrainiert werden, habe ich das Gefühl. Tränen, Schmerz, Depression – das soll am besten zu Hause unter der Bettdecke passieren. Ich soll mich möglichst ausbalanciert zeigen, so nenne ich es jetzt mal.

Das hat dazu geführt, dass ich, obwohl ich seit vielen Jahren Yoga mache, dort spirituell nicht hängen geblieben bin. Ich liebe die Übungen, um den Körper zu stärken, aber ich glaube nicht diesen Glauben.

Im Taoismus ging es mir ähnlich. Tolle Zitate. Japan, wow! Aber für mich ganz weit weg. Ich bin kein Krieger. Ich sehe mich nicht als Krieger, sondern als ganz normale junge Frau aus der Nachbarschaft, die einen Glauben sucht, der in ihren Alltag passt.

Ich kann nicht mal eben schnell nach Thailand fliegen, eine bewegende Reise nach Indien unternehmen oder mit Mönchen im Kloster meditieren. Ich sehe mich nicht als Mönch. Ich kann nicht vier Stunden am Tag meditieren. Wenn ich ehrlich bin, schaffe ich es, für vier Minuten zu meditieren.

Ich lese von den Morgenroutinen, die in jeder Zeitschrift stehen. Pranayama, Meditation, Yoga, Ayurveda, alles vor zehn Uhr morgens. Bei mir kommt da Druck auf. Perfektionismus.

Ich verbinde übrigens meinen Glauben nicht mit meiner

Ernährung, auch wenn da einige aufschreien werden. Das Christentum kennt auch das Fasten, ich weiß. Aber geht es da nicht eher um Verzicht als ums Abnehmen?

Warum, verdammt noch mal, ist das alles so kompliziert, wenn ich nur einen Ort suche, wo ich an Gott glauben kann?

Ich möchte gern das Wort Gott sagen, auch wenn ich weiß, dass im Moment alle Universum sagen. Ich möchte keine Buddha-Zitate aus der Gartenabteilung aufhängen, denn ich will keinen Kult.

Ich möchte an Gott (ja, ich gewöhne mich langsam an das Wort) glauben und eine Gemeinschaft finden, die das auch tut.

Ich kann nicht jedes Wochenende für viel Geld in ein Kloster fahren und ein Schweigeseminar machen. Diese ganzen Zertifikate kosten viel Geld. Muss der Glaube teuer sein? Warum ist es so verdammt kompliziert, zu glauben?

Als ich an diesem Karfreitag im Gottesdienst sitze, atme ich irgendwie auf. Ja, der Jesus am Kreuz sieht nicht anziehend aus. Aber ich sehe, wie er leidet. Als Mensch.

Das Leben besteht nicht nur aus Liebe. Das Leid gehört dazu, und – juhu – hier spricht das endlich mal jemand offiziell aus.

Der Tod gehört zum Leben dazu. Punkt. Basta. Kein Schönreden. Es gibt den Tod wirklich, auch wenn jeder versucht, so zu tun, als käme er nicht.

**Der Gottesdienst ist nicht cool.
Nicht fancy. Aber er ist ehrlich.**

Letztens war ich mit Freunden essen und einer sagte zu mir: „Rede bei Tisch nicht vom Tod, das macht man nicht." Ehrlich gesagt, habe ich das in den letzten 14 Jahren, seit mein Vater gestorben ist, zu oft gehört.

„Das Glas ist halb voll!"

„Bestimmt war das alles zu irgendwas gut!"

„Das wird!"

All das hat dazu geführt, dass ich meine Trauer nie durchlebt habe. Manchmal überkamen mich Panikattacken oder Heulkrämpfe. Stundenlang liefen mir beim Duschen die Tränen über die Wangen, während ich duschte und hoffte, dass niemand mitbekommt, dass ich nur dusche, weil ich weinen muss.

Es gab bisher keinen Ort, wo ich offen trauern konnte. Und weinen. Wo meine Trauer okay ist. Dieser Karfreitag wird mir immer sympathischer.

„Wir können das Leben nicht feiern, bevor wir den Tod nicht verstanden haben", denke ich.

Jesus war kein Feigling. Er hätte fliehen können, aber er hat sich für seine Jünger hingegeben. Ich sehe, wie er leidet. Es gibt das Leid. Niemand tut hier so, als wäre das anders. Ich sehe die Realität.

Aus meiner Sicht hängt er dort oben vor allem, weil er uns zeigen will, dass er es geschafft hat und wir es auch schaffen können. Weil er darauf vertraut hat, dass Gott ihn aufnimmt – auch im Tod. Wir brauchen keine Angst vor unserer Sterblichkeit zu haben.

Ich finde das tröstend.

Hier in der Kirche kann ich trauern.

Das tut mir gut.

Gut, ich werde mir noch Fragen stellen, wie sich die Kirche moderner gestalten könnte, denn es gibt auch viel Kritik daran. Ich gebe zu, der Gottesdienst ist nicht fancy. Cool. Up to date. Aber er ist ehrlich. Und Ehrlichkeit zu finden ist nicht so einfach. In diesen Gottesdienst kann ich umsonst kommen. Die Kirche ist immer offen für mich.

Heute weiß ich noch nicht, was in der Taufe auf mich zukommt. Aber ich fühle mich schon mal wohl mit dem Gedanken.

Ich brauche Mut, um mich einzuarbeiten und die Gottesdienste und die Bibel zu verstehen. Ich werde katholisch, wobei ich sagen muss, dass Gott mich geführt hat. Ich habe mich von ihm leiten lassen. Und er hat mich in diese Kirche geführt. Also werde ich katholisch. Keine Pro- und Kontra-Liste.

Ich bin eine ganz normale junge Frau aus der Nachbarschaft, die einen Glauben sucht, der in ihren Alltag passt.

Vorgespräche zur Taufe

Mein erstes persönliches Gespräch mit einem Pfarrer

Als ich an diesem Tag um 17:00 Uhr das Zauntor öffne, muss ich mich etwas bücken, um die Klinke herunterzudrücken. Ich stehe direkt neben der Kirche und blicke in einen wunderschönen Garten. Ich spüre Adrenalin in mir. Ich bin aufgeregt. Ich habe noch nie in einem 1:1-Gespräch mit einem Pfarrer gesprochen.

Es kostet mich viel Überwindung, die Treppen des Pfarrhauses hinaufzugehen und vor der Tür zu stehen. Auf einer Klingel steht „Pfarrbüro", darüber liegt die Privatwohnung des Pfarrers. Bisher ist er für mich einfach nur „der Pfarrer", ich kann ihn mir als Privatperson nicht richtig vorstellen.

Ich war in den Gottesdiensten und habe ihn im Ritual erlebt. Als er mir jetzt die Tür aufmacht, hat er Jeans an und sieht einfach nur „normal" aus. Ich gehe durch den Flur bis in sein Büro und nehme auf dem niedrigen Ledersessel Platz. Der Pfarrer zündet eine Kerze an. Etwas ungewöhnlich für ein Gespräch mitten am Tag. Aber es wird auch ein ungewöhnliches Gespräch werden, nur wusste ich das vorher nicht. Kein Meeting. Kein „einfaches" Gespräch und kein Small Talk. Ich spüre von Herzen, dass ich hier richtig bin, aber mir war vorher nicht bewusst, wie sehr sich meine Seele ein aufrichtiges Gespräch gewünscht hat.

Ich denke zunächst, dass es „nur" um die Vorbereitung des

Taufrituals geht, als mir selbst eine Frage rausplatzt: „Entschuldigen Sie, aber finden Sie es persönlich richtig, dass Sie nicht heiraten dürfen? Ich meine, Sie verheiraten so viele Menschen und predigen selbst die Ehe, ist es da nicht komisch, selbst nicht heiraten zu dürfen?"

Es ist mir unangenehm, so damit vorzupreschen, aber es ist jetzt passiert. Und ich bekomme sehr schnell eine Antwort: „Nein, ich finde es auch nicht gut. Vielleicht hätte ich gerne eine Partnerin, das weiß ich nicht. Aber vielleicht ist es auch gut so, wie es ist."

Mein Respekt steigt in diesem Moment. Denn ich bin mir sicher, dass das für den Menschen, der hinter der Pfarrerkluft steckt, ein sehr persönliches und emotionales Thema ist. Vielleicht sogar ein Thema, das man nie wirklich abschließt. Zu dem er nie eine endgültige Antwort findet. Als mir der Umfang der Frage bewusst wird, schwenke ich um. „Haben Sie auch noch etwas anderes gemacht, bevor Sie Pfarrer wurden?" Und er erzählt mir von seinem Leben davor, seiner Ausbildung und allem, was er erlebt hat, bevor er gemerkt hat, dass er dazu berufen ist, Theologie zu studieren.

In der Kirche spielt sich Leben ab.

Ich bekomme immer mehr Respekt vor einem Menschen, der die Annehmlichkeiten des Lebens kennt und sich trotzdem entschieden hat, für seine Aufgabe und Berufung in manchen Punkten Verzicht zu üben. Er erzählt mir von den vielen Freizeiten, die er für Kinder plant. Er habe nicht das Gefühl, dass ihm ein eigenes Kind fehle, weil er so viele Kinder begleite. Von der Geburt, Taufe, Kommunion, Firmung bis zur Hochzeit, er kennt alle großen und kleinen Kinder aus dem Ort. Und selbst mein Mann wurde in dieser Kirche getauft. In der Kirche spielt sich Leben ab.

Mir wird jetzt erst die Dimension klar, in der ein Pfarrer agiert. Er begleitet die Menschen tatsächlich von der Geburt bis zum Tod, eine ganz schön große Aufgabe. Sich selbst immer mitfreuen, Predigten schreiben, Reden halten, Hochzeiten feiern, Beerdigungen abhalten – und das nicht, wenn er selbst es will, sondern dann, wenn er gebraucht wird.

Und so sitzt er jetzt auch mit mir zusammen, weil ich ihn brauche. Nur weiß ich das noch nicht.

Ich blicke mich im Büro um. Erst einmal fühlt es sich für mich angenehmer an, Small Talk zu halten. Ich sehe sehr viele Bücher, und er erklärt mir, dass er fließend Hebräisch und Griechisch spricht. Er liest die Bibel im Original. Er sagt, dass er mehr Zeit habe, weil er keinen eigenen Hausstand habe. Mehr Zeit, um Sprachen zu studieren. Das finde ich cool. Er erzählt mir von Projekten in Israel und seinen Reisen dorthin, wo er im Kloster wohnte und in Kinderhospizen half. Er hilft überall mit, wenn es geht. *Helfen ist die zentrale Rolle eines Pfarrers.*

Er bietet mir das Du an. Ich schlucke. Es fühlt sich so an, als sollte ich zur Bundeskanzlerin auf einmal „Angela" sagen. Aber er ist auch nur ein Mensch, der mir erzählt, dass er sehr viele Nichten und Neffen und durchaus ein Privatleben hätte. Er reist gerne und hat Freude an gutem Essen. Würde ich ihn so, wie er jetzt ist, auf der Straße treffen, würde ich nie denken, dass er ein Pfarrer ist.

Ich merke, dass die Zeit für Small Talk vorüber ist. Ich atme tief ein, lege die Hände neben mir auf dem Stuhl ab und frage die eine Frage, die mir auf der Seele brennt: „Kann ich als Mensch auch auferstehen?“

Es ist Ostern, und die Geschichte beschäftigt mich. Ich lese in der Bibel und versuche, Gleichnisse für mein Leben zu finden. Ich bin jetzt genauso alt, wie Jesus bei der Auferstehung war. 33.

Was ich mit der Frage meine, ist: Kann ich all meinen Schmerz, mein Leid, meine Wunden hinter mir lassen und völlig neu beginnen? Also auferstehen in ein neues Leben und alles, was Menschen von mir erwarten, hinter mir lassen? Die Dunkelheit und die Schatten in mir abstreifen und einen kompletten Neuanfang machen? Den Tod, mit dem ich meinen innerlichen Tod meine, hinter mir lassen, das Leben und die Lebendigkeit wiederfinden? Und jetzt erfasst mich der Mut, und ich erzähle meine Geschichte.

Ich habe mich bisher nur bei wenigen Menschen getraut, sie zu erzählen. Der Pfarrer zuckt nicht einmal mit der Wimper, sondern nickt mir zu, um mir zu zeigen, dass er mir zuhört. Er gibt mir Raum für meine Worte. Hier im Zeitraffer, was in den letzten zehn Jahren geschehen war.

Nach dem Tod meines Vaters, zu dessen Verarbeitung ich mir keine Zeit ließ, stürzte ich mich ins Studium. Es lenkte mich von meiner Trauer ab. Ich machte meinen Abschluss in Betriebswirtschaft nach kürzestmöglicher Studienzeit. Danach zog ich für meinen ersten Job in einem großen Dax-Konzern von Hannover ins 400 Kilometer entfernte Frankfurt und verließ damit alle meine Freunde. Mit Mitte 20 wurde ich Führungskraft eines Teams mit 30 Köpfen. Ich liebte schon immer vor allem die Teamarbeit und das Projektmanagement. Ich lebte zeitweise in Budapest und baute dort einen neuen

Auslandsstandort für die Firma auf. Ich stellte viele coole, junge Mitarbeiter ein, und das gab mir viel Hoffnung für die Zukunft. Ich baute ein handlungsfähiges Team auf, in dem wir vertrauensvoll zusammenarbeiteten. Einige Jahre lief es prima, dann sollte ich plötzlich entscheiden, wer in meinem Team entbehrlich wäre und entlassen werden könnte. Meine Versuche, andere Lösungen durchzusetzen, scheiterten. Mein Job war sicher, aber nicht der meiner Teammitglieder. Sie vertrauten mir, und ich konnte dieses Vertrauen, das wir jahrelang erarbeitet hatten, nicht ausnutzen, um willkürlich jemanden auszuwählen. Ich sollte hier meine Werte verraten, an denen ich mich im Geschäftsleben orientiert hatte: Menschlichkeit, Ehrlichkeit, Integrität, Vertrauen und Loyalität. Zudem wurde mir immer klarer: Mein Dienstwagen und mein gutes Gehalt, das allein machte mich nicht glücklich. Ich entschied: Bevor ich jemandem kündige, gehe ich zuerst selbst. Ich kündigte. Ich hätte hier sicher für die nächsten 30 Jahre einen festen Job gehabt. Aber zu welchem Preis? Bei der Kündigung war ich so ruhig wie nie.

Nur mein Umfeld verstand mich nicht. Erst viele Monate später, als ich intuitiv die Bibel aufschlug, sagte Jesus etwas, das seinen Weg direkt in mein Herz fand. Er sagte – in meinen Worten wiedergegeben: Was nützt es einem, wenn man die ganze Welt gewinnt, dabei aber seine Seele verliert? Und der nächste Satz war wesentlich. Jesus sagt: Man kann seine Seele ja nicht zurückkaufen. Nachzulesen im Evangelium nach Matthäus, Kapitel 16, Vers 26 und 27. Was nützt mir also das ganze Geld, wenn ich später dastehe, meine Seele verkauft habe und sie nicht zurückkaufen kann?

Danach suchte ich nach einem neuen Plan für mein Leben.

Am meisten machte mir zu schaffen, dass ich über 30 war und mir keine Lücke im Lebenslauf erlauben wollte. Für mich war logisch, dass jetzt mein Masterstudium folgen sollte. Bloß nicht ausruhen!

Und dann ging eines Tages gar nichts mehr. Mein Mann brachte mich in eine psychosomatische Klinik. Das war vor einem Jahr.

Ich habe drei Monate auf dem Bett gesessen und nichts mehr gegessen. Mein Mann ist jeden Tag zu Besuch gekommen. Und jeden Tag hat er gefragt: „Soll ich morgen wiederkommen?" Zum Glück ist er immer wiedergekommen. Er hat mit den Ärzten und Schwestern gesprochen, und sie haben ihm gesagt: „Um es mit einem Computer zu vergleichen, Ihre Frau hat zu viele Tabs offen. Sie muss ihr System runterfahren, einen Reset machen und dann wieder neu starten. Das dauert."

Nach therapeutischen Gesprächen hat sich herausgestellt, dass meine Ziele meistens zu hoch sind und ich zu streng mit mir bin. Ernährung, Bildung, Freizeit, alles musste einem bestimmten Plan unterliegen. Konkret wollte ich zu diesem Zeitpunkt ein MBA-Studium machen (Master of Business Administration), „nebenbei" schnell meine Hochzeit organisieren und reiten lernen. Punkte, die auch mit großen finanziellen Entscheidungen einhergingen.

Später habe ich mich gefragt, wie ich jemals hatte glauben können, dass das alles klappt nach all den Jahren, in denen meine Seele laut schrie, dass ich Ruhe bräuchte. Bisher hatte alles immer „irgendwie" geklappt, nur jetzt nicht mehr. Aber statt mitfühlend mit mir zu sein und auf all die Erfolge zu blicken, die ich im Leben erarbeitet hatte, hörte ich eine innere Stimme in mir, die sagte, nein, die schrie: „Versagerin!"

Was am schlimmsten war und mir das Herz gebrochen hat, war, als mein Mann im Krankenhaus vor mir stand und sagte: „Weißt du, welcher Tag heute ist? Es ist der Tag, an dem wir eigentlich hätten heiraten sollen." Da regte sich etwas in mir. Eine rebellische Seite, die sagte: „Wenn es nur um mich ginge, könnte ich das alles hier an mir vorbeirauschen lassen. Aber es geht auch um meinen Mann." Der Ausblick auf meine Hochzeit schenkte mir Kraft und Freude; ich begann mitzuarbeiten und konnte bald entlassen werden.

Es ging wirklich nichts mehr. Da kam mir die Idee, die Hände zu falten und zu beten. Und ich spürte: Dieses Gebet geht nicht ins Leere.

In der ersten Nacht zu Hause heulte ich Rotz und Wasser. Ich konnte nicht glauben, dass ich jetzt so dastand, wie ich dastand: ohne meine Vorhaben, ohne meine Pläne, mit einem völlig toten Kern in mir. Ich wusste nicht mal, wie der nächste Tag aussehen sollte.

Und da kam mir die Idee, die Hände zu falten und zu beten. Ein Gebet voller Tränen, in dem ich nur sagte: „Bitte, führe und leite mich. Ich möchte für mich und meine Umgebung wieder strahlen, ich möchte selbst Licht für die Welt sein."

Und ich spürte: Dieses Gebet geht nicht ins Leere. Da ist jemand, der mich hört. Und von da an betete ich jeden Tag. Ich kam in Kontakt mit dem Heiligen Geist. Es fühlte sich abgefahren an, sich von ihm durch den Tag steuern zu lassen. Aber da nichts um mich herum war, konnte es nur er sein. Er erlaubte mir, alles zu tun, was mir guttat. Ich ging in die Sonne, saß stundenlang neben einem alten Baum, und meine Reserven füllten sich. Der Heilige Geist schenkte mir Liebe in einer Zeit, als ich mich selbst kaum lieben konnte. Und er war viel liebevoller zu mir, als ich es jemals selbst gewesen war. Ich kam auf immer bessere Ideen. Ich wollte diese Verbindung nicht zerstören durch Stress, Lautstärke oder Situationen, denen ich mich nicht entziehen konnte. Ich wollte keine Heilungsseminare machen. Ich wollte nicht verreisen. Das war vorher mein Problem, ich war viel unterwegs und kannte meine eigene Umgebung kaum.

Und so begann ich, meine Umgebung genauer anzuschauen und nach Plätzen zu suchen, die mir guttun. Ich nannte das „Mini-Pilgern".

Und immer wieder war da diese Stimme in mir: „Schreib, teile deine Geschichte!" Ich konnte es nicht glauben, durchforstete alte Tagebücher, wo mein 24-jähriges Ich schrieb: „Ich möchte mal Schriftstellerin werden, eine Stiftung gründen, wer weiß, vielleicht gründe ich mal einen Verlag." Jetzt fragte ich mich, wie ich etwas so Wesentliches einfach zehn Jahre lang hatte übergehen können? Ich fragte mich, ob das, was ich in den letzten zehn Jahren gemacht hatte, irgendwie auf diese Ziele einzahlte. Vielleicht, ein wenig.

Aber ich hatte dieses Talent nie trainiert, diese Gabe von Gott, die er mir geschenkt hat. Und so schrieb ich mir alles von der Seele, bis zu drei Stunden am Tag. Einen Tag ohne Schreiben gab es nicht mehr.

Beim Schreiben empfand ich keine Schmerzen, keine schlechten Gedanken. Ich empfand einfach nur Freude. Ich fühlte, dass ich gern ein Buch schreiben würde, und ein tiefes Vertrauen, dass das auch so kommen würde.

Die Verbindung zu mir selbst wurde stärker und auch meine Verantwortung, die ich dafür übernahm. Die Früchte dieser inneren Verbindung waren zu schön. Ich wollte sie nicht wieder verlieren. Wellen von Dankbarkeit und Liebe durchfluteten mich.

✿✿✿

Und so sitze ich nun hier in diesem Pfarrbüro und stelle dem Pfarrer meine Fragen:

- Kann ich auch auferstehen?
- Kann ich alle Anforderungen, die die Welt an mich hat (z. B. dass ich bestimmte Abschlüsse brauche) hinter mir lassen?
- Kann ich ein Licht für die Welt werden?
- Kann ich einen völligen Neubeginn hinbekommen, mein Leben zu hundert Prozent ändern?
- Kann ich Schriftstellerin sein, obwohl ich das nie gelernt habe?
- Kann ich mich aus der kommerziellen Welt zurückziehen und darauf vertrauen, dass ich von Gott alles bekomme, was ich brauche (auch finanzielle Mittel)?

Und seine Antwort – etwas ausführlicher erläutert, aber in ihrem Kern – lautete: Ja. Du kannst ein neues Leben anfangen.

✿✿✿

Als ich aus dem Pfarrbüro kam, fühlte ich mich wie nie zuvor. Mir war klar: Das war nicht nur „irgend so ein" Gespräch gewesen. Der Pfarrer hatte nicht gesagt: „Sie haben 20 Minuten

Zeit, dann kommt der Nächste." Er hat auch nicht festgelegt, wie oft wir derartige Gespräche führen würden. Er hat mir Raum, Zeit und Platz geschenkt. Und für mich war diese Zeit ein Gottesgeschenk.

Er bestätigte mir, dass meine Verbindung zu Gott und mein Verständnis für die Bibel weit gereift seien. Obwohl ich keine Theologin bin. Vieles vom Glauben war bereits in mir angelegt.

Gott hat mich zum richtigen Zeitpunkt mit diesem Pfarrer zusammengeführt. Und für ihn war ich ebenfalls ein Gottesgeschenk, das sagte er mir. Ein Satz, den noch nie jemand zu mir gesagt hatte.

Ich hatte insgesamt vier mal zwei Stunden Gespräche. Es ging in diesen Gesprächen nicht um meine Fehler oder darum, wie meine Vergangenheit war. Ich wurde nie bequatscht, und mir wurden keine unsachlichen Ratschläge erteilt. Es ging nie um die Institution Kirche oder religiöse Pflichten und Vorschriften. Es ging einfach nur um mich.

Für mich waren diese Vorgespräche sehr wichtig. Ich möchte dir raten: Nimm dir Zeit, Gespräche wie diese zu führen. Lass dich vom Heiligen Geist leiten. Es ist Gott, der es gut mit dir meint.

Ostern: Die Zeremonie

„Ich widersage, ich glaube, ich bin geliebt."

Als ich an diesem Tag im April aufwache, ist es noch sehr früh. Ich begebe mich auf die Knie, strecke meine Arme lang nach vorne aus, beuge mich voller Hingabe nach vorn und bete:

Ich danke dir für das, was du mir täglich gibst.
Ich danke, dir, dass du dich mit mir vereinst.
Ich danke dir, dass du mich ewig liebst.
Danke, dass ich deine Tochter bin. Amen.

Ich bin immer wieder überrascht über die Kraft meiner Gebete, die immer stärker wird, seit ich mein erstes Gebet gesprochen habe. Ich möchte die positive Energie der Gebete nicht mehr missen. Ich gehe in mein Ankleidezimmer und betrachte das Kleid, das ich bereits für diesen Tag zurechtgelegt habe. Es ist ein Vintage-Kleid. Ich habe es in einem wundervollen Store gefunden. Es ist perfekt. Es ist nicht reinweiß. Der Pfarrer sagte mir, dass die Gewänder der Pfarrer auch nie reinweiß sind, sondern immer ein wenig beige. Dieses Kleid hat ein besticktes beiges Unterkleid, und das Hauptkleid ist über und über voller Spitze. Ich hatte es bereits vor ein paar Jahren gefunden, und ich konnte es nicht tragen, weil es damals zu speziell war. Aber etwas in mir sagte damals: „Kauf mich, los, mach!" Ich musste erst auf diesen Tag warten, um es zu tragen. Das zeigt mir, wie früh der Heilige Geist uns schon auf unsere Bestimmung hinlenkt, auch wenn wir selbst es noch nicht wissen.

Ich bin voller Freude. Die Ärmel reichen mir bis zu den Ellenbogen. Es ist voller Würde und Anmut. Ich trage cognacfarbene Pumps dazu. Dazu meinen Ehering, meinen Verlobungsring und zwei Armbänder, die mir mein Mann geschenkt hat.

Die Tradition mit dem weißen Gewand während der Taufe geht auf die Worte des Apostels Paulus zurück: „Ihr alle, die ihr auf Christus getauft seid, habt Christus angezogen“ (Brief an die Galater, Kapitel 3, Vers 27). Das Taufkleid symbolisiert den wiedergeborenen Menschen, der mit Christus in der Taufe auferstanden ist: „Zieht den neuen Menschen an, der nach dem Bild Gottes geschaffen ist“ (Brief an die Epheser, Kapitel 4, Vers 24).

Ich bin bereit, und ich bin aufgeregt. Ich fühle Erlösung und Freude, aber auch Anspannung. Anspannung deswegen, weil ich weiß, dass mit diesem Tag auch Verantwortung einhergeht.

Es ist einfach zu sagen: „Ich gehe den Weg mit Gott.“ Es wirklich in seinem Alltag zu tun – jeden Tag –, ist manchmal zwiespältig, wenn ich mit Gott nicht einer Meinung bin.

Gott ist sehr um Frieden bemüht. Und ich muss zugeben, dass ich oft in Bedrängnis komme, wenn ich merke, dass Menschen mir gegenüber aufbrausend sind. Dann nicht aufbrausend zu werden, sondern immer den guten Kern im Blick zu behalten, fällt mir manchmal noch schwer.

Außerdem glaube ich auch, dass ich oft noch zu egoistisch bin. Ich denke darüber nach, wann ich Sport mache, ob ich Essen gehen könnte und wie es mir geht. Oft habe ich das Gefühl, dass Gott langsam den Blick von mir auf andere lenkt und mich fragt: Was kannst du heute geben, Aline? Wo könntest du dich nützlich machen? Wem unter die Arme greifen? Er möchte, dass ich von mir absehe und Nächstenliebe übe. Wenn man jedoch 34 Jahre lang nicht einmal das Wort Nächstenliebe im Mund hatte, ist es manchmal schwer, den Blickwinkel zu ändern.

Alles in allem kann ich sagen: Gott ist disziplinierter als ich, freundlicher, versöhnlicher, liebevoller, großzügiger, achtet mehr auf die Umwelt und so weiter. Ich kenne die inneren Kämpfe, wenn ich denke, ich könnte mir Ausnahmen gewähren, weil ich ja gestern etwas Gutes getan habe.

Gott möchte, dass ich jeden Tag etwas Gutes tue. Ich kann nicht nur einmal etwas Gutes tun und mich dann tagelang darauf berufen. Aber das ist keine starre Forderung. Sondern Gott möchte mir zeigen, wie ich noch mehr lieben kann. Denn da, wo ich selbst mehr liebe, bekomme ich mehr Liebe zurück und mein Leben wird erfüllter. Ich könnte auch sagen: Gott möchte, dass mein Herz wächst.

Gott denkt immer zuerst an andere und dann an sich. Wenn ich die Gebote der Nächstenliebe verletze, fühle ich mich schrecklich und bitte um Vergebung. Ich weiß, dass Gott noch viel Arbeit an mir hat.

Ich empfinde es so wie mit meiner Ehe. Ich wurde auch nicht als die perfekte Ehefrau geboren, und diesen Anspruch möchte ich auch nicht an mich stellen. Und Gott verlangt auf meinem Weg mit ihm auch nicht, dass ich perfekt bin. Er ist großzügig, er weiß, dass ich von selbst dahinterkomme, dass mir Werte wichtig sind. Aber heute sage ich mein Ja zu ihm.

Wir fahren also zur Kirche. Und vor dem Gebäude bekomme ich einen wunderschönen Blumenstrauß von meinem Mann. Es sind roséfarbene Rosen, die ich so sehr liebe. Ich bin froh, dass mein Mann mich so gut kennt. Und ich hoffe, dass Gott und ich uns auch so gut kennenlernen. Es entsteht ein wundervolles Foto, das zeigt, wie glücklich ich bin.

Danach betrete ich die Kirche, lege meinen Mantel ab und setze mich ganz vorn auf die erste Bank. Mein Mann und meine Schwiegermutter setzen sich hinter mich. Sie sitzen mir also im Rücken.

Ich werde gebeten, vor das Taufbecken zu treten, meinen Kopf hinüberzubeugen, und der Pfarrer tauft mich im Namen des Vaters, des Sohnes und des Heiligen Geistes. Er gießt dreimal Wasser über meinen Kopf.

Dann wird die *Taufkerze* durch den Pfarrer an der Osterkerze entzündet. Sie symbolisiert das Zeugnis, das von einem Christen in die Welt hinausgeht. „Ihr seid das Licht der Welt", sagt Jesus (Evangelium nach Matthäus, Kapitel 5, Vers 14). Jeder Christ macht die Welt ein wenig heller. Die Taufkerze begleitet mich durch mein ganzes Leben. Sie kann bei der Firmung, Hochzeit oder sogar am Sterbebett angezündet werden. Jedem Getauften wird ein *weißer Schal* umgelegt mit den Worten: „Ich lege dir den weißen Schal an. Er ist ein Zeichen dafür, dass du in der Taufe neu geschaffen wurdest. Bewahre diese Würde ein Leben lang bis zum ewigen Leben."

An diesem Tag im Vorfrühling, der für die meisten anderen Menschen ein unbedeutender Tag war, stand ich da, umhüllt von diesem weißen Schal, und habe mich noch nie so sehr

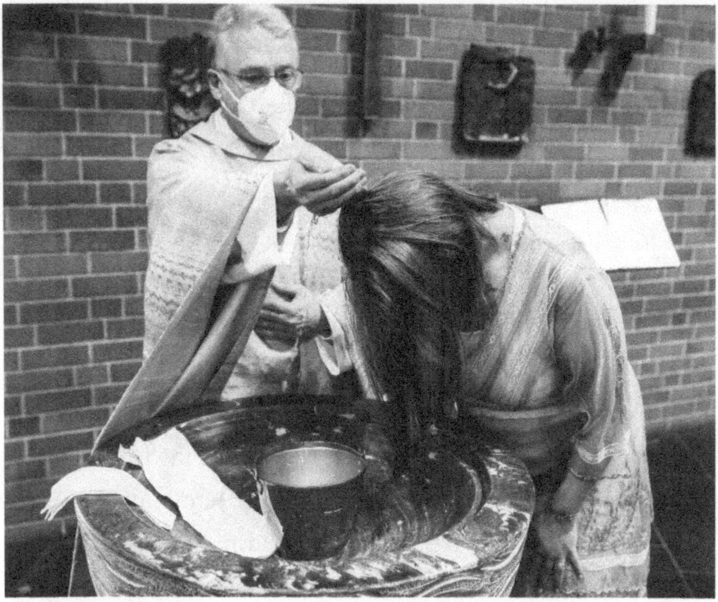

umhüllt von Liebe gefühlt. Das Gefühl, beschützt zu sein von einem Vater, der mich so sehr will auf dieser Welt, lässt mich alles schaffen. Er hat meine Seele von allen Verletzungen geheilt, indem er meine Wahrnehmung der Angst gegen seine Wahrnehmung der Liebe ausgetauscht hat. Den Weg mit Gott zu gehen, macht mein Leben so viel achtsamer, empfindsamer und dankbarer. Ich bin so froh, dass ich mich auf ihn eingelassen habe. Und ich hoffe, dass noch viele Mädels und Jungs es mir gleichtun werden.

Neu erschaffen werden ist die richtige Bezeichnung für die Taufe. Viele sagen auch Neugeburt. Es gibt Menschen, die bei ihrer Taufe ganz untergetaucht werden. Während des Eintauchens stirbt der alte Mensch, der bisher ohne Gott durchs Leben ging. Das Wasser, das ihn umschließt, wird zum Grab. Das Taufwasser reinigt den Menschen, spendet neues Leben. Im Auftauchen erlebt er seine „Auferstehung". Der Heilige Geist wirkt mit der Taufe im Menschen, obwohl ich sagen muss, dass er bei mir schon viel, viel früher gewirkt hat. Den Heiligen Geist kannst du auch als Frieden, Liebe, Mitgefühl, Einheit, Sanftheit oder Freude in dir spüren.

Die Taufe ist ein würdevolles Ritual. Sie verleiht eine Würde, die bis in die Ewigkeit anhält. Würde und Respekt, die ich auf der Welt oft vermisst habe. Die Verbindlichkeit, mit der Gott zu mir steht, überzeugt mich. Es gibt keinen Menschen auf der Welt, der mich von Anfang bis Ende so gut kennt wie Gott. Nicht mal mein Mann tut das. Gott kennt mein Herz, wenn andere mich beurteilen und verletzen. Er erkennt mein Bemühen, liebevoll auf die Welt zu schauen, weil er selbst die Liebe ist. Er würde mir nie Böses unterstellen. Mit seiner unendlichen

Güte und Gnade in diesem würdevollen Ereignis steckt er mich an, die Welt milder zu betrachten, vor allem gnädiger und verständnisvoller mit denen zu sein, die ein schweres Herz haben. Zu verstehen, dass ich manchmal nur der Blitzableiter für die Emotionen anderer bin, ich aber niemals diesen Urteilen zustimmen muss. Hingeben werde ich mich ab heute nur noch seiner bedingungslosen Liebe. Ich kann die Schatten meiner Vergangenheit in Gelassenheit hinter mich fallen lassen.

Ich trete ins pure Licht. In die wahre Freude. Ich bin gesegnet. Mein Segen lautet Frieden. Frieden in mir. Einheit mit Gott. Mein ganzes Leben lang war ich harmoniebedürftig und wollte zu Menschen Harmonie herstellen. Ich weiß, dass das manchmal vergeblich war. Denn in Wahrheit ist die einzige Harmonie, die es anzustreben gilt, die Harmonie mit Gott. Denn er weiß, wer ich wirklich bin, wenn ich es nicht mehr weiß.

Er führt mich zu mir zurück, wenn meine Welt im Chaos ist. Er öffnet die Herzen anderer Menschen, damit ihre Welt mich inspiriert. Er führt uns zusammen, die wir zusammengehören. Gott ist größer. Und er hat es mir bewiesen, indem er es geschafft hat, innerhalb kürzester Zeit mein Leben zu wandeln.

Gott befreit mich in der Taufe von allen Sünden, von allem, was ich bisher falsch gemacht habe. Während der Taufe komme ich Gott so nah wie noch nie. Deswegen war es auch so wichtig, dass ich in meinen Vorgesprächen zur Taufe gebeichtet habe. Ich habe mein Herz geleert und von meinen Fehlern erzählt. Jetzt kann Gott in die entstandene Leere einziehen und erfüllt mich mit dem Heiligen Geist. Er schenkt mir Barmherzigkeit und Liebe. Er wird sich von heute an nie mehr von mir abwenden, auch wenn ich Fehler mache.

Schutz bietet mir auch meine neue Gemeinde. Mit der Taufe

werde ich Teil von ihr. „Durch den einen Geist wurden wir in der Taufe alle in einen einzigen Leib aufgenommen“, schreibt der Apostel Paulus (1. Brief an die Korinther, Kapitel 12, Vers 13). Die Taufe ist also nicht nur meine Privatsache, auch wenn es sehr privat ist. Ich habe meine Taufe im Gottesdienst gefeiert, mit der Gemeinde. Ich bin jetzt Teil einer himmlischen Gemeinde.

Dann kommt die *Salbung mit Chrisamöl.* Noch nie davon gehört. Der Pfarrer hat mir erklärt, dass es das Öl ist, mit dem auch Königinnen bei ihrer Krönung gesalbt werden. Und das soll das Öl sein, mit dem ich gesalbt werde. Es ist vom Bischof geweihtes Öl, bestehend aus Olivenöl und dem wohlriechenden Balsam Chrisam. Der Pfarrer oder der Bischof bestreicht damit die Stirn und macht ein kleines Kreuz. Die Salbung zeigt, dass ich jetzt auch Teil der Gemeinschaft mit Jesus Christus bin und Anteil an seiner königlichen, prophetischen und priesterlichen Würde habe. Die Taufe ist eine Taufe mit dem Heiligen Geist. Heute sage ich Ja zu Gott und zu Jesus. Ich fühle mich einfach nur geehrt. Ich werde heute zu einer Königstochter.

Diese Zeremonie ist so voller Anmut und Würde, ich kann es nicht oft genug wiederholen. Noch nie habe ich etwas Vergleichbares erlebt. Ich habe einmal im Leben die Taufe erlebt, zum Glück kann ich das nun von mir sagen. Ich bin froh, dass ich das zu diesem Zeitpunkt in meinem Leben erkannt habe. Wie schade wäre es gewesen, wenn ich mich gegen den Heiligen Geist und gegen Gott gestemmt hätte. Das habe ich jahrelang versucht. Jahrelang habe ich versucht, alles auf meinen eigenen Schultern zu tragen. Selbst der mächtige David schrie einmal zu Gott: „Mir ist angst und bange! Nimm diese Last von meinem Herzen!“ (Psalmen, Kapitel 25, Vers 17; Hfa).

Nie bin ich auf die Idee gekommen, dass Gott meine Sorgen trägt. Als ich das verstehe, schreibe ich eine emotionale Frage in mein Tagebuch:

Gott, wenn nur noch eines könnt ich dich fragen:
Wie soll ich all den Schmerz ertragen?

Und er antwortet mir sofort:

Das ist leicht, denn nicht du trägst das Leid,
sondern der, der dir niemals von der Seite weicht.

Vor meiner Taufe habe ich nie verstanden, wie das gehen soll, dass Gott meine Sorgen trägt oder ich ihm meine Sorgen übergeben kann. Bis ich verstanden habe: Wenn ich alles in meiner Macht Stehende getan habe, dann ist es an Gott, den Rest zu tun. Wenn ich alles in meiner Macht Stehende getan habe und trotzdem eine Ablehnung bekomme, dann hat Gott einen größeren, anderen Plan für mich.

Ich widersage. Während der Taufe fragt mich der Pfarrer, ob ich dem Bösen und seinen Verlockungen widersage. Ich bestätige es drei Mal: „Ich widersage."

Ich glaube. Danach fragt er, ob ich an Gott glaube, an Jesus Christus, an den Heiligen Geist, die katholische Kirche, die Gemeinschaft der Heiligen, die Vergebung der Sünden, die Auferstehung der Toten und das ewige Leben. Und ich antworte: „Ich glaube."

Und auch wenn all diese neuen Worte an diesem Tag an mir vorbeiziehen, weiß ich eines ganz sicher: Ich bin geliebt.

Was die Taufe ist

Ich lade Gott ein, Einzug in mein Leben zu halten

Die Taufe ist ein Ritual zur Manifestation deines Glaubens. Damit machst du nach außen sichtbar, woran du innerlich glaubst.

Ähnlich wie bei einer Hochzeit kannst du dich entscheiden: Willst du ein Fest feiern und laut aus vollem Herzen vor vielen Menschen „Ja!“ sagen? Oder möchtest du die entstandene Verbindung – in diesem Fall die zu Gott – ohne dieses Zeichen weiterleben? Wie immer du dich entscheidest: Du hast eine Verbindung zu Gott, denn er ist dein Vater und Schöpfer, und er liebt dich immer. Mit oder ohne Taufe. Das ist sein Versprechen an dich.

Und dann? Wenn der öffentliche Schritt getan oder die private Entscheidung gefallen ist? Denn das ist ja nicht der letzte Akt unserer Geschichte mit Gott. Eher – wie bei einer Hochzeit – einer der ersten.

Nach der Taufe können wir nicht einfach die Hände in den Schoß legen und auf Wunder warten. Nein. Es gehört jeden Tag unsere Bereitschaft dazu. Die Bereitschaft, die Stimme Gottes in uns wahrzunehmen. Die Bereitschaft, auf diese Stimme zu hören und uns leiten zu lassen. Die Taufe öffnet uns neue Türen. Und es gehört unsere Bereitschaft dazu, durch diese Türen hindurchzugehen. Neue Verhaltensweisen zu entwickeln. Neue Menschen kennenzulernen.

Ein Gottesdienst ist kein Zwang, er ist eine *Einladung,* Gott an einem bestimmten Tag zu einer bestimmten Zeit nahe zu sein und ein Ritual daraus zu entwickeln – man könnte auch sagen: Das zu einer festen Gewohnheit zu machen.

Es gehört auch die Bereitschaft dazu, mit Gott in einen Dialog zu kommen. Oder die Bereitschaft, unsere Opferhaltung abzulegen, die Beschwerden einzustellen und unsere Energie in Gebete, Bitten und Dankbarkeit umzuwandeln. Du hast am Tag hundertmal Mal die Gelegenheit, über deinen Sorgen zu zerbrechen. Oder du hast hundertmal am Tag die Gelegenheit, über deinen Sorgen zu beten.

Nach der Taufe können wir nicht einfach die Hände in den Schoß legen und auf Wunder warten.

Die Taufe kann der erste Schritt in unserem Leben sein, den Weg mit Gott zu gehen, wenn wir bei der Geburt getauft werden. Die Taufe kann aber auch ein berührendes und bewegendes Ritual in der Mitte unseres Lebens sein. Oder auch ganz zum Schluss.

Egal zu welchem Zeitpunkt wir uns entscheiden, jeder Zeitpunkt ist richtig und gut. Und hier noch ein Satz, um Eltern zu entlasten, die sich für ihre Kinder entscheiden müssen: *Es gibt kein Richtig oder Falsch.*

Warum ich mir dessen so sicher bin? Im Johannesevangelium (Kapitel 6, Vers 44) sagt Jesus: „Niemand kann zu mir kommen, wenn nicht der Vater, der mich gesandt hat, ihn zieht; und ich werde ihn auferwecken am Jüngsten Tag."

Das bedeutet für mich, dass Gott jedes Kind zu sich zieht. Selbst in meinem Fall, in dem das ganze Umfeld überhaupt nichts mit dem Glauben zu tun hatte, hat Gott mich zur Taufe gebracht. Gott zieht jeden von uns zu sich. Und es ist unser freier Wille, der uns entscheiden lässt, ob wir Gott folgen oder nicht.

Aber die Grundregel, dass der Vater Kontakt zu seinem Kind aufnimmt und eine liebevolle Beziehung entsteht, gilt für uns alle. Wir können sie ignorieren, zur Seite schieben oder verdrängen. *Aber es ist niemals Gott, der uns seine Liebe versagt.* Diese Liebe versagen wir uns aus freiem Willen selbst.

Gott hält Einzug in unser Leben, wenn wir ihn dazu einladen. Er drängt sich nicht auf. Wir dürfen ihn erleben. Und dass wir das können, ist sein größtes Geschenk an uns.

Wie mein neues Leben aussieht

Ich mache in meinem Leben Platz für Gott

Wie habe ich es geschafft, mit der Taufe einen Neubeginn mit Gott zu starten? Ich habe begonnen, Platz für Gott in meinem Leben zu machen.

Ich habe Zeit exklusiv nur mit ihm verbracht. Ich bin nicht mehr stundenlang ins Fitnessstudio gegangen, habe aufgehört, mich zu verquatschen, bin an meinen Themen, für die Gott mich beauftragt hat, drangeblieben und habe gemerkt, dass es Früchte trägt, was ich tue. Ich habe Gott jeden Morgen gefragt, wohin ich heute gehen soll. Ich habe mich lenken lassen und ihm vertraut. Ich bin viel mehr in die Stille gegangen, und oft spürte ich danach eine unbändig große Dankbarkeit in mir aufsteigen.

Gott hat mein Leben stiller gemacht. Ich fühle mich weniger allein. Ich kann allein sein, ohne einsam oder verlassen zu sein. Ich muss nicht mehr überall dabei sein. Ich kann meine Zeit mit der Welt dosieren.

Ich darf ganz viel Ruhe für mich haben. Gebete sind wesentlich. Zeit und Stille für Gebete ist wesentlich. So wesentlich, dass ich mir jetzt einen eigenen Gebetsraum einrichte, in dem ich still sein und beten kann. Nie hätte ich gedacht, dass ich einmal von selbst auf so eine Idee kommen würde. Doch ich erinnerte mich in stillen Momenten daran, wie ich als Kind war. Ich habe stundenlang in meinem Zimmer gelegen und gemalt.

Meistens lag ich auf dem Boden, weil mich dieser Boden geerdet hat. Dieses „Auf-dem-Boden-Liegen“ ist mir als Erwachsene komisch vorgekommen, und ich habe es nicht mehr getan, außer beim Sport auf der Matte.

Gott hat mich zu mir zurückgeführt. Es war die Stille, in der ich wieder zu mir gefunden habe.

Als Erstes habe ich dieses einfache Auf-dem-Boden-Liegen wieder eingeführt. Gott hat mich zu mir zurückgeführt; es war die Stille, in der ich wieder zu mir gefunden habe. Eine Stille, die ich ertragen habe, weil Gott da war. Manchmal kommt mein Mann ins Zimmer und fragt: „Was machst du da?“ Dann sage ich: „Ich bin auf dem Fußboden eingeschlafen.“ Er schaut mich an und sagt: „Du hast schon was am Sträußchen. Warum legst du dich nicht ins Bett?“

Ich muss mich nicht mehr erklären und rechtfertigen, weil ich gut so bin, wie ich bin. Das sagt mir Gott. Ich kann auf dem Fußboden liegen und lesen, solange ich es möchte. Ich muss nichts, aber auch gar nichts dabei tun. Keinen Sit-up. Ich muss nicht produktiv sein. Nichts. Nada. Ich bin nur da, mit mir. Bei mir. Und das ist so schön! *Diese Zeit mit mir ist so wunderschön.* Voller Tränen gehe ich manchmal aus der Ruhe heraus.

Briefe habe ich in dieser Ruhe geschrieben, die voller Vergebung waren und um Vergebung gebeten haben. Briefe, die in dieser Stille einfach aus mir herausflossen. An Menschen, mit denen ich seit Jahren nichts mehr zu tun hatte, aber denen ich unbedingt „Danke“ sagen wollte. Unbedingt. Dabei habe ich entdeckt: Ja, der Tod meines Vaters war schlimm. Aber es gab auch all diese wundervollen Menschen um mich, die mich gestützt und geschützt haben.

Da ist diese wundervolle Krankenschwester aus dem Hospiz, die mir noch elf Jahre lang Briefe geschrieben hat. Ich habe die Inhalte der Briefe aber nie richtig beachtet, weil mich ihr Name immer an die letzten Stunden mit meinem Papa erinnert hat. Aber auf einmal wird mir klar, dass das nicht selbstverständlich war! Wie viele Patienten hatte sie, und wie oft hat sie mir Worte voller Trost geschickt, Worte, die voller Liebe waren, als ich nicht mehr wusste, was Liebe ist.

Und mir fällt die liebevolle Freundin auf, die damals jeden Tag für mich gekocht hat, als ich in Schockstarre war. Und ich bekomme Briefe zurück. Aufmunternde Briefe, liebevolle Zeilen! Wir sind versöhnt! Wir denken immer noch aneinander und ich merke: Ich war ihnen auch viel wert! Ich war gar nicht wertlos, wie ich all die Jahre dachte.

Gott hat mir bei jeder Tragödie Menschen an die Seite gestellt, und ich wollte es nicht anerkennen. Aber auf einmal vermisse ich diese Menschen und frage mich, wie ich mich so sehr in meiner Welt isolieren konnte, obwohl die Welt von Fülle lebt.

In einer besonders stillen Minute beginne ich, an meine Familie zu denken. Ich war bei etlichen Familienfesten nicht dabei. Ich habe immer gesagt, die Firma ist schuld. Aber mein Chef hat mich nicht gezwungen, 14 Stunden am Tag zu arbeiten, das habe ich von mir aus getan. In all den Jahren meiner Trauer bin ich egoistisch geworden. Mein Schmerz ging vor. Meine Omi mütterlicherseits wird immer älter, sie berichtet mir von ihren Feten, die sie feiert. Und ich war nicht dort. Ich versuchte, es wiedergutzumachen. Schickte teure Geschenke und Briefe. Nie würde sie es mir übel nehmen, dass ich nicht da war. *Aber ich war nicht da.* Ich habe diese Momente verpasst, weil ich meinen Schmerz bevorzugt habe.

Sagen wir mal, der blöde Krebs bei meinem Papa war Gottes Schuld. Was nicht stimmt. Aber sagen wir mal, es wäre so. Woran er nicht schuld war, ist, dass ich meinen Terminplan nicht freigeschaufelt habe. Dass ich überall nur kurz mal reingeschneit bin, um zu verkünden, dass ich nur 20 Minuten Zeit habe. Dass ich durch meinen Schmerz verlernt habe *zuzuhören*. Das ist meine Schuld. Nicht die von Gott. In der Gegenwart Gottes merke ich zum ersten Mal, was für ein isoliertes Wesen ich geworden bin.

So etwas kann passieren, wenn man sich der Stille hingibt. Das ist der Grund, warum keiner gern still ist. Vor allem wusste ich gar nicht, dass es schon so schlimm um mich steht. Eine Cousine ist gestorben, und ich habe keinen Brief geschickt. Nicht angerufen. Warum soll ich Mitleid haben mit jemandem, der stirbt? Mein Vater ist doch auch gestorben. Gleiches Recht für alle!! Denke ich wirklich so? Ja, mittlerweile denke ich so. Ich bin ein Idiot. Ich war früher nie so. Immer offen, immer fröhlich. Wie könnte ich mich so verändern?

In der Stille beginne ich, mir Fotos anzuschauen. Irgendwie bin ich auf keinem Bild präsent. Ich war in dem Moment gar nicht da. Ich war auf Reisen, aber ich weiß gar nicht mehr, wo ich war. Oder warum. Warum habe ich nochmal all diese Reisen unternommen?

Wovor wollte ich weglaufen? Vor der Stille.

Ich wollte vor der Stille weglaufen. Einer Stille, die mir unerträglich erschien. Lästig.

Und dann weine ich bitterlich. Ich schaue in den Himmel und sage: Papa, du fehlst mir so. Papa, das hat so weh getan. Papa, ich dachte, ohne dich kann ich nicht überleben. Papa, ich liebe dich immer noch so sehr. Warum hört das nicht auf? Wieso quälst du mich mit dieser Liebe, nach der ich mich so sehr sehne? Papa, bitte hilf mir. Lass mich deine Gegenwart wieder fühlen. Komm zurück zu mir. Komm wieder zurück. Integriere dich in mein Herz. Ich will mich gegen dich nicht mehr wehren. Ja, ich sehe dich nicht, aber du bist doch da. Du bist, wir sind alles füreinander. Wie konnte ich jemals vor dir weglaufen? Bloß weil ich dich nicht sehe, ist deine Seele doch da. Ich muss nicht über dich schweigen. Ich darf voller Freude von uns erzählen. Gott hat uns einander geschenkt. Unsere Beziehung ist einzigartig. Wirkliche Liebe ist frei von Angst. Ja, wenn Gottes vollkommene Liebe uns erfüllt, vertreibt sie sogar die Angst (vergleiche 1. Brief des Johannes, Kapitel 4, Vers 18).

Und dann stehe ich auf und tue etwas für mich Unglaubliches. Nach 13 Jahren suche ich ein Foto heraus und stelle es auf meinen Altar. Bisher konnte ich es nicht anschauen. Es hat zu wehgetan.

Mein Papa trägt ein blaues Hemd und darunter ein weißes T-Shirt. Er ist so jung. 48. Er hat schwarzes Haar, und das Haar fällt immer zu einem Mittelscheitel. Er schaut mit seinen braunen Augen in die Kamera und stützt seinen Arm in die Hüfte. Im anderen Arm hält er mich. Ich lege einen Arm um ihn und schaue irgendwo hin, wo ich vermutlich mit jemandem spreche und lache.

Das ist doch das, was ich sehen will. Nicht die Bilder von einem zerstörten Körper. Wann habe ich aufgehört, für diese Liebe zu kämpfen und habe mich der Zerstörung hingegeben? Niemand – auch kein Krebs – kann diese Liebe zerstören. Diese Liebe geht in die Ewigkeit ein. Diese Liebe ist unbesiegbar. Nicht einmal der Tod kann diese Liebe besiegen. Warum war ich nur so schwach?

Warum habe ich aufgehört zu glauben? Wo auf dem Weg bin ich von „happy girl" zu „Idiot" abgebogen? Wenn mein Papa nur sehen könnte, wie ich mich in den letzten Jahren verhalten habe.

In der Stille schreibe ich weitere Briefe. Es tut weh, diese Briefe zu schreiben und um Vergebung zu bitten. Oft sind es Kleinigkeiten.

- Habe mich nicht mehr gemeldet.
- Oder viel zu viel gemeldet und genervt.
- War keine gute Gesprächspartnerin, habe nicht zugehört, immer nur über mich geredet.
- Durch meinen Verlust scheine ich mir das Recht herausgenommen zu haben, immer recht zu haben. „Aber ich hab doch recht!", sage ich. Das interessiert aber niemanden, wenn ich damit Menschen verletze und ihnen ihre Würde nehme.
- Immer öfter diskutiert oder mit anderen gestritten.
- Das Schlimmste: Ich höre nicht mehr zu.

„Wenn wir wirklich beten lernen wollen, müssen wir zuerst lernen zuzuhören."

Mutter Teresa hat übers Zuhören gesagt:

„Wenn wir wirklich beten lernen wollen, müssen wir zuerst lernen zuzuhören. Denn in der Stille des Herzens spricht Gott.

Um diese Stille erkennen zu können, um Gott hören zu können, brauchen wir ein reines Herz. Wir müssen lernen, auf Gott zu hören, auf alles, was er zu sagen hat. Wir können nicht sprechen, wenn wir nicht zugehört haben, keinen Kontakt zu Gott hergestellt haben. Aus der Fülle des Herzens wird der Mund sprechen und der Verstand denken."

Schnelle Diskussionen, ohne einen Moment innezuhalten und zu überlegen, was Gott jetzt sagen würde, setzen mir immer mehr zu. Ich bin heute präsenter in Gesprächen. Überlegter. Ich sage öfter: „Ich weiß nicht", statt auf mein Recht zu pochen. Denn vor Gott gibt es keine Rechthaberei.

Durch meine Briefe und die positiven Antworten, die ich darauf erhielt, wurde mir klar, wie sehr ich in meinem Leben geliebt bin. Ich habe gar keinen Grund, mich von Gott betrogen zu fühlen. Ich hatte mir eine Welt aus meinen Illusionen gebaut.

In der Stille vor Gott habe ich gemerkt, wie viele Menschen im Leben mir am Herzen lagen und ich ihnen auch.

Mit der Taufe hat sich meine Würde wiederhergestellt. Von ganz allein. Ich bin nur dem Heiligen Geist gefolgt und musste ein bisschen mutig sein.

Ich habe Gott versprochen, dass ich glauben werde, egal, was passiert. Ich weiß, dass noch viel in meinem Leben passieren wird, wofür ich Kraft brauche. Ich denke an meine Oma, die vor mir gehen wird. Vielleicht sogar mein Mann.

Aber ich denke auch an die vielen Menschen, die ich noch kennenlernen werde. Und ich denke an den Satz, den mein Vater mir gesagt hat: „Mädel, es hat keiner gesagt, dass das Leben einfach ist!"

Was die Taufe für mich bedeutet

Ich erkläre die neun Botschaften der Taufe

Eines Tages kam Jesus aus Nazareth in Galiläa und ließ sich von Johannes im Jordan taufen. Als er aus dem Wasser stieg, sah er, wie der Himmel sich öffnete und der Heilige Geist wie eine Taube auf ihn herabkam. Und aus dem Himmel sprach eine Stimme: „Du bist mein geliebter Sohn, an dir habe ich große Freude."

(Evangelium nach Markus, Kapitel 1, Vers 9–10; NLB)

Vor seiner Auffahrt in den Himmel beauftragte Jesus die Apostel, zu taufen: „Geht und macht alle Völker zu meinen Jüngern; tauft sie auf den Namen des Vaters und des Sohnes und des Heiligen Geistes" (Evangelium nach Matthäus, Kapitel 28, Vers 19–20).

Diesen Auftrag Jesu greift der Apostel Petrus am Pfingsttag in seiner ersten Predigt auf: „Kehrt um, und jeder von euch lasse sich auf den Namen Jesu Christi taufen zur Vergebung seiner Sünden; dann werdet ihr die Gabe des Heiligen Geistes empfangen" (Apostelgeschichte, Kapitel 2, Vers 38).

Der Apostel Paulus geht in seinen Briefen auf die Wirkung der Taufe ein: „Wisst ihr nicht, dass wir mit Jesus Christus gestorben sind, als wir auf seinen Namen getauft wurden? Denn durch die Taufe sind wir mit Christus gestorben und begraben. Und genauso wie Christus durch die herrliche Macht des Vaters von den Toten auferstanden ist, so können auch wir jetzt ein neues Leben führen“ (Brief an die Römer, Kapitel 6, Vers 3–4; NLB).

Es gibt neun Botschaften, die ich mit der Taufe in Verbindung bringe. Sie haben sich auf dem Grund meiner Seele abgesetzt, sind in meine Lebensessenz übergangen, ich habe sie in mein Wertesystem „inhaliert“ und lebe danach.

Martin Luther hat mich berührt, denn er hatte die Worte: „Baptizatus sum“ in seinen Schreibtisch eingeritzt: „Ich bin getauft!“ Und wann immer ihn Selbstzweifel oder Anfechtungen oder Zweifel an Gott überkamen, erinnerte er sich daran, dass er getauft war. Ich habe sogar kurzzeitig überlegt, mir diese Worte tätowieren zu lassen, muss aber sagen, dass Gott so etwas von uns nicht fordert. Wir sollen so leben und aussehen, wie er uns geschaffen hat. Wobei ich schon zwei Tattoos hatte, bevor mir diese Erkenntnis kam.

Gott finden wir in ganz kleinen Dingen.

Wir fordern oft selbst von uns große Zeichen, dramatische Liebesbekundungen, große Feste, aber die sind für uns. Gott finden wir in ganz kleinen Dingen. Im Rascheln der Blätter. In einer Begegnung. In einer Aufgabe.

Ich will mich immer, wenn ich Zweifel bekomme, daran erinnern, dass mich kein Mensch der Welt brechen kann. Weil Gott in mir ist und mich immer wieder aufrichten wird. Allein, um diese Erfahrung zu machen, hat sich für mich die Taufe schon gelohnt.

Und hier kommen die neun Botschaften, die ich so sehr verinnerlicht habe.

Ich erhebe mich über meine Vergangenheit.
Ich bin Liebe.
Ich bin eins mit der Quelle. (Ich liebe diesen Gedanken!)
Ich bin Frieden. (Endlich, nach 34 Jahren!)
Meine Seele ist befreit.
Ich bin Licht.
Ich bin mit Gott.
Ich zeige meinen Glauben.
Ich öffne Türen.

Und das ist die Kernbotschaft, die ich für immer in mir abgespeichert habe und wie ein Mantra wiederhole, wenn ich mich an meine Taufe erinnere:

Es ist gut, dass es mich gibt.
Gegensätze auf der Welt werden mich niemals zerreißen.
Denn: Ich bin eins mit Gott.
Ich bin von ihm akzeptiert und geliebt.
Ich bin von seiner Liebe berührt.

Oh, ist das nicht wunderschön, hast du auch Gänsehaut?

Botschaft 1: Ich erhebe mich über die Vergangenheit.
Bei der Taufe gehst du, wenn du sie am Ostersonntag traditionell begehst, morgens um sechs Uhr in die Kirche. Manchmal auch früher, wenn die Osternacht schon am Abend vorher oder wirklich in der Nacht gefeiert wird. Du kommst im Dunkeln an. Alles ist ruhig. Vielleicht hast du dir vorher zu Hause noch einen Moment der Stille mit Gott gegönnt und ein Gebet gesprochen, für dich allein und um vollkommen präsent zu sein. Ich rate

dir, vollkommen in der Gegenwart zu sein und alles andere abzustreifen für diesen Tag. Begehe ihn nicht einfach so, wie es mir mal jemand gesagt hat: „Ich gehe rein, lasse mir etwas Wasser über den Kopf schütten, und dann geh ich wieder raus."

Spüre deine Taufe mit allen Sinnen. In der Kirche brennt eine Kerze, die am Ostermorgen hereingetragen wurde. Ich finde es wundervoll, wie hier das Licht ritualisiert wird. Diesem Licht wird Raum gegeben. Es ist das Licht, das Jesus in die Welt gebracht hat.

Vielleicht kannst du mit Jesus noch nicht so viel anfangen, weil du ihn noch nicht kennst oder die Bibel, genau wie ich zu diesem Zeitpunkt, noch nicht gelesen hattest. Vielleicht lässt du dich auch auf dieses Taufwunder ein, weil es dir dein Bauchgefühl sagt. Egal, wie gut du ihn kennst, ist es nicht verwunderlich, dass sich aufgrund seiner Botschaft die Menschen seit Jahrtausenden von Jahren taufen lassen? Dass dieser Funke, dieser Samen, den er gesäht hat, sich weiterträgt?

Ich finde, dieser Gedanke hat viel Kraft! Du hast an diesem Tag deine Taufkerze mitgebracht und stellst sie vor dich auf die Kirchenbank. Du siehst das Taufbecken neben dir. Es ist achteckig. Acht steht für die Unendlichkeit, die Ewigkeit. *Du weißt, dass dein Tag in die Ewigkeit eingeht.*

Du wirst diesen Tag niemals vergessen. Es ist dein Tag mit Gott. Euer Tag. Es ist deine „Hochzeit" mit ihm.

Leise sagst du dir:

„Gott, so sehr, wie du dich für mich einsetzt, so sehr werde ich mich ab heute für dich einsetzen."

„Ich gehe den Weg mit dir."

„Ich weiß, dass ich ein Wunder der Liebe bin, weil du wolltest, dass ich in diese Welt komme."

„Gott, ich weiß, dass du mir Gaben und Talente geschenkt hast, die ich ab heute mit dir zusammen entdecken möchte."

„Bitte, zeig mir den richtigen Weg und bewahre mich vor Fehlern. Ich weiß, dass Fehler nur ein Mangel von Liebe sind. Ich weiß auch, dass du mich nie aufgibst, selbst wenn ich mich selbst aufgegeben habe."

„Ich weiß, dass du eine Zukunft planst, die größer und schöner ist, als ich es mir jemals ausmalen könnte."

„Gott, ich vertraue deinen Entscheidungen, auch wenn ich den Zeitrahmen nicht kenne."

„Gott, ich vertraue dir und werde dein Urteil abwarten, auch wenn es mir schwerfällt."

„Ab heute sind wir eins."

All diese Gedanken gingen mir bei der Taufe durch den Kopf, und das siehst du auch auf dem Foto, als ich meine Tränen zur Seite wische. Es sind Tränen der Erlösung, dass ich meinen Weg unabhängig von Leid und Tod mit Gott gehe.

Wenn du deine Taufkerze angezündet hast, hast du das ewige Licht bekommen. Das ewige Licht – in dir! Kannst du dir das bildlich vorstellen?

Mit der Taufe startest du einen richtigen Neubeginn.

Du kannst die Dunkelheit der Vergangenheit endgültig abstreifen und all deine Sorgen an Gott übergeben. Ab heute brauchst du deine Sorgen nicht mehr in dich hineinzu„fressen", ab heute trittst du in den Dialog mit Gott!

Merkst du jetzt, was es bedeutet, sich über die Vergangenheit zu erheben? Du startest heute einen richtigen Neubeginn!

Ich gratuliere dir so sehr!

Du kommst also im Dunkeln in die Kirche hinein und kommst im Licht wieder heraus. Vielleicht bekommst du einen Blumenstrauß und eine schöne Taufkarte von einer Freundin und stehst dann so glücklich wie ich vor der Kirche.

Am Tag der Taufe weißt du eines mit Sicherheit: *Du musst den Menschen nichts mehr beweisen, weil Gott deine Taten sieht.* Er weiß, dass du mutig bist. Er weiß, dass du hilfsbereit bist. Und ihr beide wisst, dass euch ab heute nichts mehr trennen kann.

Du hast für immer einen Freund, der in den dunkelsten Stunden neben dir auf dem Kopfkissen liegt und dir einen Hoffnungsschimmer in dein Herz zaubert. Und dich am nächsten Tag auferstehen lässt.

Ab heute kannst du sagen: „Gott, ich erhebe mich über meine Vergangenheit."

Botschaft 2: Ich bin Liebe.

Erinnere dich ab heute für immer daran, dass du ein Wunder der Liebe bist. Du bist eine wunderschöne Blume, die aus einem winzig kleinen Samen entstanden ist. Wie ein kleines Saatkorn, aus dem eine starke Ähre entsteht. Selbst wenn deine Eltern dich nicht wollten oder du keine Eltern mehr hast, musst du wissen, dass Gott dich so sehr wollte. Er hat zwei Menschen zusammengeführt, damit du geboren wurdest. Vielleicht waren die Umstände damals schwer, vielleicht hattest du nicht die besten Startbedingungen, aber all das ist für Gott kein Grund, dich weniger zu wollen. Selbst in der größten Not verbindet er zwei Menschen mit dieser unendlichen Liebe, die so stark ist, dass daraus ein Wunder entsteht. Gott hat einen Plan für uns alle. Und deiner geht in Erfüllung, egal, wie schwierig die Umstände sind. Du bist ein Kind Gottes und genießt seine Gaben, die er dir in die Wiege gelegt hat. Gott kennt auch deine Schwächen und gerade diese „Unperfektheiten" sind es, die Gott so an dir liebt, weil sie einzigartig sind. Vielleicht lispelst du leicht, hast einen versteckten Leberfleck, unterschiedliche Augenbrauen ... Ist es nicht das, was uns so besonders macht?

Es sind deine Merkmale. Alles an dir ist geliebt, beschützt und sicher. Und kein Mensch auf der Welt, kein Zweifel der Welt, wird Gott jemals daran hindern, dich zu lieben. Deswegen verinnerliche es: „Ich bin Liebe."

Botschaft 3: Ich bin eins mit der Quelle.

Hast du dich erschöpft gefühlt? Denkst du, dass du unbedingt mal wieder auf sicherem Grund stehen müsstest? Fällt dir nichts mehr ein? Brauchst du jemanden, an den du dich anlehnen kannst? Und du brauchst einen Schub Kreativität? Neue Ideen? Einen Neustart?

Voilà, du bist jetzt eins mit der Quelle. Du kannst es mit dem Bild eines Laptops vergleichen. Ohne Strom hält der Akku vier Stunden, aber an der Stromquelle hat der Laptop immer Saft. So ist es auch mit dir und Gott. Du kannst darauf vertrauen, dass du, wenn du in Kontakt mit ihm bist und auf deine innere Stimme, den Heiligen Geist, hörst, immer mit neuen Ideen versorgt wirst. Denn Gott wirkt durch dich.

Du bist Gottes Kommunikationsmedium. Gott möchte, dass du das, was du gelernt hast, mit anderen Menschen teilst und deine Erfahrungen weitergibst. Die Welt braucht dein Licht. Und das ist kein Spruch. Denn:

Du bist ein Lichtblick in dieser Welt.
Durch dich wird die Welt heller und wärmer.
In dir strahlt Gottes Liebe in die Welt hinaus.

Stell dir vor, du gehst morgens spazieren und bekommst ein nettes Wort oder ein Kompliment. Das allein kann dir doch den Tag versüßen, dich anregen, ebenfalls liebevoll gemeinte Worte weiterzugeben. Deswegen predigt die Bibel Nächstenliebe. Wir leben von der Liebe unserer Nächsten. Wir wissen nie, wen wir heute treffen. Heute sagen wir vielleicht eher „be kind" statt Nächstenliebe, aber es ist im Grunde dasselbe. Wir besinnen uns wieder auf unsere Werte, auf unsere Quelle zurück. Vielleicht brauchte die Frau an der Supermarktkasse heute *dein* Lächeln. Vielleicht bekommst du dadurch einen Geistesblitz für ein neues Projekt. Vielleicht hast du eine „Gedankenübertragung" mit jemandem, der kein Wort gesagt hat. Vielleicht liegt ein Flyer im Briefkasten, der „wie gerufen" kommt.

All das kann die Stimme Gottes sein, die uns tief in uns leitet. Wir hören ihn. Wir hören seine Botschaften durch andere. Alles, was wir tun müssen, ist, diesen kleinen Zeichen auch zu vertrauen. Oftmals schütteln wir es ab und denken: „Das kann nicht sein."

Aber wir sind eins mit der Quelle. Wir tragen den Heiligen Geist oder auch „die Energie Gottes" in uns. Jeder von uns. Der einzige Unterschied liegt darin, wie sehr die Menschen dieser Energie in sich selbst vertrauen. Ob sie sich leiten lassen oder sie ignorieren. Du hast jederzeit Zugang zur unerschöpflichen Quelle. Sie ist nie „erschöpft". Lass dir einfach Zeit, und du wirst sehen, die Quelle sprudelt bald wieder. Du musst nur darauf vertrauen.

Botschaft 4: Ich bin Frieden.

Ich finde, Frieden ist ein großes Wort. Als ich zurückgeschaut habe, ist mir aufgefallen, dass ich das letzte Mal das Wort Frieden laut auf dem Schulhof ausgesprochen habe. Wir haben uns gekabbelt, und ich habe die Finger gekreuzt und laut „Frieden“ gerufen. Ich wünschte mir heute, ich hätte das manchmal auch Kolleginnen zugerufen.

Ich finde, wir geben unseren inneren Frieden heute viel zu schnell her. So als wäre er nichts mehr wert.

Mir persönlich ging es lange so, dass ich den Unfrieden anderer in mir trug. Ich habe oft erlebt, dass Menschen übereinander sprechen statt miteinander und ich irgendwie mittendrin steckte. Ich denke, dieses Übereinander-Reden schafft oft Unfrieden.

Gott ermutigt uns, darin liegt der Zauber, Mut zu haben. Er möchte, dass wir offen Konflikte ansprechen und miteinander kommunizieren. Wir sind Wesen der Kommunikation. Wir können all unsere Gefühle und Gedanken kommunizieren. Dafür braucht man keinen extra Kurs mit lauter Zertifikaten, sondern einfach nur Wachheit für sich selbst und seine Gefühle. Bei sich bleiben und laut aussprechen, was sich unfriedlich anfühlt. Und vor allem dabei präsent sein und keine Vorwürfe aus der Vergangenheit aufwerfen.

Ich finde, wir geben unseren Frieden heute viel zu schnell her. So als wäre er nichts mehr wert.

Hört sich schwer an? Ist es eigentlich gar nicht. Es erfordert etwas Größe und den Willen, seinen inneren Frieden nicht so leicht herzugeben. Nur wegen ein paar „Unstimmigkeiten“. Wir dürfen ruhig ein bisschen um unseren Frieden kämpfen. Wir können, wenn wir in ausweglosen Situationen zu sein scheinen, gerne zu Gott beten.

Ich habe mir extra dafür eine Gebetsliste gemacht, die ich gerne durchgehe. Danach habe ich wieder Kraft und Energie, meinen Frieden zu wahren. Probier's gern mal aus:

Gott, bitte führe alle Teile in mir, die sich uneinig sind, zusammen.

Gott, bitte führe mich auf den Weg, der Frieden schafft.

Gott, bitte berühre mit deiner Liebe jeden Tag meine friedliche Seele.

Gott, bitte führe die Menschen, mit denen ich zurzeit Schwierigkeiten habe, zu ihrem langfristigen Seelenglück, sodass sie Frieden für die Welt schaffen.

Gott, hilf mir, Frieden in meinem Geist zu erschaffen, sodass ich anderen dabei helfen kann, auch ihren Frieden zu finden.

Gott, sende mir inspirierende Menschen auf meinem Weg.

Gott, hilf mir, mich über alle Meinungen, die es über mich gibt, zu erheben.

Gott, lass meine tiefe Weisheit mein Richtungsgeber sein.

Gott, lass mich ein Magnet für Freude, Glück, Liebe und Frieden sein!

Gott, lass mich meine Sorgen auf dich werfen, all meine Wünsche sollen sich mit deinen Wünschen für mich verbinden.

Gott, hilf mir, meine Selbstzweifel wirklich loszulassen.

Gott, ich weiß, dass du wirklich tiefen Frieden für mich und andere empfindest und dass ich es selbst bin, die oft Chaos stiftet. Bitte verzeih mir.

Gott, hilf mir, immer die Wahrheit zu erkennen, denn nur die Wahrheit führt zu Frieden.

Gott, ich bitte dich um Gnade.

Botschaft 5: Meine Seele ist befreit.

Wow, das hört sich jetzt aber wirklich leicht esoterisch an, oder?

Finde ich gar nicht so sehr. Ich habe es wirklich so empfunden. Warum? Weil ich vor Gott genauso sein kann, wie ich bin!

Ich finde diese Botschaft absolut erleichternd. Ich weiß, dass er mich so, wie ich gerade bin, liebt. Nicht die Version von vor zehn Jahren oder die, die ich in zwei Jahren sein möchte: Sondern mit allen Macken und Kanten, wie man so schön sagt, kann ich so sein, wie ich bin. Absolut befreiend.

Aber warum muss unsere Seele denn befreit werden?

Weil wir sie einzwängen in Bedingungen, in unsere Wünsche und unsere Kontrollzwänge, wie sie zu sein hat. Wir verbieten uns das Lachen, wenn es nach außen peinlich ist. Wir verbieten uns das Weinen, wenn es „unangebracht" scheint. Wir verzichten auf die Schönheit des Moments, wenn es so aussieht, dass es keiner merkt, außer uns. Wir verkneifen uns den Humor, die Leichtigkeit, die Freiheit unserer Seele. Wir „stutzen" uns zurecht.

Gott liebt mich so, wie ich gerade bin.
Nicht die Version von vor zehn Jahren. Und nicht die,
die ich in zwei Jahren sein möchte.

Das hört sich belanglos an, aber Zwänge können ein großes Problem werden. Wenn wir zu lange das machen, was andere von uns verlangen, verlieren wir uns quasi selbst und versuchen, uns mit Regeln, eigenen Beurteilungen und Kontrollen irgendwie zu „korrigieren".

Gott möchte das Original in uns wieder freilegen. Er möchte, dass wir unsere Seele und ihre Essenz voll ausleben, weil er uns dafür gemacht hat. Wir müssen uns nicht schämen, wenn wir unsere Größe, Stärke und Zärtlichkeit nach außen zeigen. Wir können liebevoller, ja hingebungsvoller nach außen sein, auch wenn die Menschen meinen, dieses Mitgefühl wäre „schwach".

Bei meiner Taufe hatte ich endlich das Gefühl, dass ich alte Maßstäbe, vieles, was ich bis dahin dachte, hinter mir lassen könnte und einfach neu beginne. Viele alte Maßstäbe zählen nicht mehr für mich.

Unsere Seele braucht ihre Freiheit. Und mit meiner Taufe habe ich dieser Botschaft sehr viel Wahres entnommen und achte sehr darauf.

Botschaft 6: Ich bin Licht.

Licht ist ein absolut zentrales Thema in der Bibel. Wir sollen und dürfen Licht sein und Licht verbreiten.

Wir kennen die Parolen: „Follow the light" oder: „Be the light." Hört sich an wie zwei abgedroschene Sätze. Sind aber nicht umsonst bekannt.

Ganz konkret hat Jesus es ausgesprochen. „Als Jesus ein andermal zu ihnen redete, sagte er: Ich bin das Licht der Welt. Wer mir nachfolgt, wird nicht in der Finsternis umhergehen, sondern wird das Licht des Lebens haben." (Evangelium nach Johannes, Kapitel 8, Vers 12)

Es heißt, dass wir mit der Taufe die Dunkelheit hinter uns lassen und ins Licht gehen. Deswegen ist das Ritual – das eigene konkrete Erleben – so wertvoll. Denn von diesem Tag an lassen wir keine Dunkelheit mehr zu.

Bei mir geht das sogar so weit, dass ich die Straßenseite wechsele, wenn auf meiner Seite Schatten ist und ich auf der anderen Seite Sonne sehe. Es geht so weit, dass ich Menschen, die mir kein Licht entgegenbringen, liebevoll gehen oder ziehen lasse. Es geht so weit, dass ich mir beim Duschen eine Kerze ins Bad stelle und im „Licht dusche". Ja, ich dusche Licht. Die Wasserstrahlen sind für mich Lichtstrahlen.

Mit dem Licht des Lebens ist das ewige Leben gemeint. Da bekommt das Licht, was wir als Strahlen kennen, noch eine andere Dimension.

Ewiges Licht und ewiges Leben sind ganz klar Merkmale von Gott. Es ist also nicht nur ein Postkartenspruch, sondern dahinter liegt sehr viel Tiefe und Wahrheit. Es ist sogar ein Versprechen, dass Gott uns Glaubenden macht. Ein Versprechen von Gott, das fand ich schon ziemlich gut.

Allerdings bekommen wir ewiges Leben nicht einfach so, und wir strahlen nicht einfach so Licht aus. Dazu ist eine Reinigung nötig. Wir müssen erst von unseren Sünden reingewaschen werden. In der Taufe wird das ausgedrückt durch das Wasser und durch die Farbe Weiß – der Pfarrer legt mir einen weißen Schal um.

Das hat in mir wirklich eine große innere Reinigungsarbeit ausgelöst. Ich fragte mich:

- Wo habe ich mich in meinem Leben von meinem göttlichen Kern wegentwickelt?
- Welches Verhalten an mir habe ich „toleriert"?
- Wie habe ich andere Menschen behandelt?
- Was waren meine Ziele im Leben?

Und ganz ehrlich:

- In welchen Punkten bin ich arrogant geworden?
- Wo hätte ich mehr helfen können?
- Wo habe ich unfaire Worte gesagt?

Und noch mehr:

- Wo habe ich andere Menschen einfach verurteilt, nur auf der Basis meiner eigenen Erfahrungen?
- Wo habe ich anderen keine Chance gegeben?

Die Taufe ist ein Wendepunkt. Sie bringt viel Verantwortung für die eigene Zukunft mit sich. Und diese Verantwortung trägt niemand anders als wir selbst. Das musste ich mir klar machen. Ich wäre arrogant zu glauben, dass ich Licht für die Welt bringen könnte, wenn ich mich moralisch und ethisch wie ein Idiot verhalte und dieses Verhalten nicht ablege. Dann wäre die Taufe kein Neubeginn. Denn dann wäre meine Zukunft wie meine Vergangenheit. Ohne Gott, ohne Moral, voller Ego.

Seitdem stelle ich mir jeden Tag folgende Fragen, die ich ganz groß über meinen Schreibtisch gehängt habe:

Was braucht die Welt?
Was kann ich heute geben?
Welche Geschichte darf ich erzählen?
Wie bringe ich heute – konkret – Frieden in die Welt?

Botschaft 7: Ich bin mit Gott.

Vom Tag der Taufe an bin ich mit Gott unterwegs. Ich bin getauft, habe den Schritt in ein neues Leben getan. Und dann? Wie geht's jetzt weiter? Diese Fragen habe ich am Tag vor meiner Taufe mit einer Meditation bedacht.

Meine Meditation am großen Tag vor der Taufe

Gleich nach dem Aufwachen finde ich einen abgelegenen, ruhigen Platz, an dem ich ungestört bin. Ich schließe die Augen und atme dreimal tief durch die Nase ein und durch den Mund wieder aus. Es geht jetzt nur darum, völlig geerdet für den Tag zu sein. Mein inneres Licht zu spüren, das Teil der gesamten Zeremonie ist. Ich mache mir bewusst, dass ich heute die Dunkelheit der Vergangenheit loslasse und ins Licht gehe. Alle Selbstzweifel und Disharmonie in meinem Umfeld lasse ich jetzt los. Die Taufe ist für mich ein Neubeginn. Ich nehme mein Journal und schreibe auf, was Teil meines Neubeginns sein soll.

- Was möchte ich mir heute an diesem kostbaren Tag versprechen?
- Wie soll das Leben im Licht aussehen?
- Welche alten Gewohnheiten möchte ich ablegen und an ihnen arbeiten?
- Wie sehen meine neuen Gewohnheiten aus?
- Welchen Gedanken möchte ich heute unbedingt festhalten?
- Das habe ich bisher gemacht (mein altes Muster, das ab heute der Vergangenheit angehören soll):
- So möchte ich mich ab heute verhalten:
- Neue Gewohnheit:

Die Taufe birgt ein großes Transformationspotenzial für das gesamte Leben. Ich gehe jetzt meinen Weg mit Gott. Er und ich allein bestimmen die Harmonie in meinem Leben. Gewiss wird es nicht immer einfach, mich an Gottes Gebote und seine Stimme tief in mir zu halten, aber ich gehe den Weg der Wahrheit.

Vielleicht kann ich jetzt endlich mein altes Denksystem loslassen und der inneren Stimme in mir vertrauen.

Meine innere Stimme und meine Bestimmung sollen mich heute durch den ganzen Tag weisen und von nun an Wegweiser und Richtungsgeber für mein Leben sein. Den Dialog mit Gott halte ich durch das Gebet lebendig. Das Gebet ist das zentrale Kommunikationsmittel für uns beide.

Ich notiere, wofür ich heute, an meinem großen Tag, bete:

Gott, ich bitte dich …
Gott, ich danke dir …
Gott, ich bitte dich um Vergebung, weil …

Ich werfe all meine Sorgen auf Gott, lasse die Last los, die ich bisher immer allein getragen habe. Ich nutze den heutigen Tag, um präsent zu sein.

Botschaft 8: Ich zeige meinen Glauben.

Den Glauben öffentlich zu zeigen, das ist wohl ein eindeutiger Punkt bei der Taufe. Und es ist auch die große Frage, die ich mir vorher gestellt habe: *Möchte ich wirklich öffentlich zeigen, dass ich gläubig bin?*

Viele Menschen erzählen mir, sie könnten auch glauben, ohne die Taufe zu feiern. Und das ist sehr verständlich. Die Entscheidung, nicht in eine Gemeinde zu gehen, scheint einem mehr persönliche Freiheit zu lassen, mehr Freizeit. Es ist weniger Aufwand. Oder aber Menschen sind nicht einverstanden mit der Kirche und lassen sich deswegen nicht taufen.

Ganz ehrlich: Darum geht es im ersten Schritt gar nicht! Die Frage ist, ob du die Verbindung zu Gott zelebrieren und manifestieren möchtest. Es ist wie bei einer Hochzeit: Möchtest du „Ja" zu Gott sagen?

Du möchtest eine Pro- und Kontra-Liste? Möchtest wissen, was für und was gegen den Eintritt in die Welt der Gläubigen und der Kirche spricht? Hier kommt meine:

Pro:

- Ich lerne andere Christen rund um die ganze Welt kennen. Es ist ein wenig wie Vereinsarbeit, wenn du in die Kirche gehst.
- Ich gehöre zu einer Gemeinschaft. Meine Gemeinde bekommt mit, wie es mir geht. Wenn ich im Gottesdienst fehle, fragt sie nach mir.
- Ich nehme Anteil, wenn andere getauft werden und kann an ihrem Fest teilnehmen.
- Ich kann eine kirchliche Trauung feiern.
- Ich kann Rat und Trost beim Pfarrer suchen. Oder auch bei anderen aus der Gemeinde.
- Ich kann mich einbringen: Ich kann bei Freizeiten für Kids mitwirken. Ich kann Teil des Redaktionsteams sein, wenn die Pfarrbriefe geschrieben werden. Ich kann selbst Andachten halten. Ich kann die Kirche mitgestalten.
- Ich werde als vollwertiges Mitglied der Gemeinde angesehen, egal, wie meine Vergangenheit aussieht.
- Ich wachse Stück für Stück mit anderen Menschen zusammen, weil wir dasselbe Grundmerkmal teilen: unseren Glauben.

Kontra:

- Es kann sein, dass manche Menschen mich komisch anschauen, wenn ich mich in der Blüte meines Lebens taufen lasse. Warum? Weil sie diese Seite von mir noch nicht kannten! Alles was neu ist, ist erst einmal fremd.

Du verpasst wirklich ein Wunder der Gemeinschaft, Güte und Liebe, die in einer Gemeinde stecken kann.

Sich im Erwachsenenalter taufen zu lassen, ist ein bedeutender Schritt im Leben, der wohl durchdacht sein sollte. Aber: Du solltest dir auch nicht zu viele Gedanken machen. Entscheidend ist die Frage, ob du deinen Weg mit Gott gehen möchtest, egal, wohin er dich führt. Wenn du Ja zu Gott sagst, entwickelt sich alles Weitere in dem Tempo, das du bestimmst.

Natürlich kannst du dich auch taufen lassen und danach nicht zur Kirche gehen. Ich denke, dass das vielen Menschen passiert, die bei ihrer Geburt getauft wurden.

Aber ich möchte dir sagen: Du verpasst wirklich ein Wunder der Gemeinschaft, Güte und Liebe, die in einer Gemeinde stecken kann. Seit ich getauft wurde, habe ich so viele fantastische Menschen kennengelernt, die wirklich Wert legen auf Moral, Ethik und Nächstenliebe. Ich finde hier einen ganz anderen Schlag von Menschen. Es geht hier nicht darum, was ich vom anderen haben kann oder haben will, sondern es geht darum, was ich gerne geben möchte. Wie ich mich einbringen möchte. Wie ich anderen helfen möchte. Damit gebe ich etwas zurück von allem, was ich an Mitgefühl und Hilfe selbst bekommen habe. Und dass ich das tun kann, das erfüllt mein Herz!

Botschaft 9: Ich öffne Türen.
Gott hat Macht, und die hast du jetzt auch! Gott möchte nicht, dass wir uns kleinreden und vor unserer eigenen Größe zurückschrecken!

Er hat uns die Zehn Gebote nicht gegeben, um uns zu bestrafen oder einzuengen, sondern als Wegweiser der Liebe. Wenn wir die Gebote einhalten, schützen wir unser Seelenheil. Uns geht es dann gut, wenn wir uns an Werte und Ethik halten. Es ist doch viel leichter, dass die Menschen mit dir kommunizieren oder in Kontakt treten, wenn du selbst nach außen zeigst, dass du Werte hast! Du wirst besser angesehen. Und auch wenn andere es komisch finden, dass du in den Gottesdienst gehst, schwingt doch oft auch Respekt dafür mit, dass du es tust. Du zeigst, dass du für etwas stehst, und das öffnet dir die Türen zu anderen Menschen.

Die Taufe ist immer ein Gewinn.

Du selbst öffnest aber auch Türen! Wie das? Mit der Taufe wirst du zum Teamplayer! Du vernetzt dich vor, während und nach dem Gottesdienst mit immer neuen Leuten. Das ist nicht nur gewinnbringend für dich, sondern auch für dein Umfeld. Wenn du eine gute Connection mit Gott hast, wirst du nach außen einen starken Vibe senden! Du strahlst Selbstvertrauen, Gutherzigkeit und Standhaftigkeit aus. Du wirst zum Türöffner für andere Menschen, weil du mit dem Heiligen Geist getauft bist. Getaufte Menschen sind wahre Umkehrer. Ein Umkehrer fährt nicht mehr in die Sackgassen der Welt, sondern er dreht um, und fährt den Erfolgskurs mit dem Heiligen Geist. Diese Energie steckt alle drum herum an!

Seit meiner Taufe habe ich viele Menschen kennengelernt! Und das nur durch ein gemeinsames Merkmal: Wir glauben an Gott! *Mein Leben hat ein neues Maß an Lebendigkeit bekommen!* Und ich habe nichts weiter getan, als für alles, was nach der Taufe kam, offen zu sein! Und hier erzähle ich nicht nur meine Geschichten, sondern auch die von anderen. So konnte ich auch anderen Türen öffnen.

Wenn ich all diese Botschaften der Taufe zusammenfassen sollte, würde ich aus tiefer Überzeugung sagen:

Die Taufe ist immer ein Gewinn.

Himmelfahrt

Ich lerne, wie es ist, loszulassen

Bisher war der Himmelfahrtstag vor allem eines für mich: Vatertag. Ein Tag gespickt mit liebevollen Erinnerungen an den Serengeti Park. Mein Vater und ich sind jedes Jahr in diesen Park gefahren, haben die Fenster heruntergekurbelt – ja tatsächlich, das gab es noch – und haben aus dem fahrenden Fahrzeug die Giraffen gefüttert. Später im Affengehege die Affen auf der Motorhaube sitzen zu sehen, war der größte Spaß. Als ich zwanzig war, verwandelte sich dieser Tag, der immer so fröhlich gewesen war, in einen Alptraum, als mein Vater starb.

Mindestens zehn Jahre lang versuchte ich, diesen Tag irgendwie zu übergehen oder so zu tun, als wüsste ich nicht, welcher Tag gerade war. Meine schönen Erinnerungen trafen in mir auf tiefen Trennungsschmerz. Ich fühlte mich getrennt von der Liebe. Getrennt von der Schönheit, Sanftheit und Zärtlichkeit des Lebens. Und so erlebte ich diesen Tag als äußersten Kontrast: als den allerschönsten Tag in meiner Kindheit und als den furchtbarsten Tag in meinem jungen Erwachsenenalter.

In diesem Jahr war ich zum ersten Mal an Himmelfahrt in der Kirche und habe am Gottesdienst teilgenommen. Was mir am meisten gutgetan hat? *Die Kerze anzuzünden.* Ganz schlicht. Dieser Leuchter für die Gebetskerzen. Und dabei zu beobachten: *Ich bin nicht die Einzige, der es so geht.* Die Menschen müssen nicht mit mir sprechen, ich sehe es ihnen an. Sie denken an jemanden, sie vermissen jemanden, sie suchen Trost.

Ich zünde eine Kerze für meinen Vater an und danach noch eine für meinen Opa. Viel zu früh, mit gerade mal 60 Jahren, ist er gegangen und mein Papa mit 49. Ungerecht fühlt es sich an. Und diese Ungerechtigkeit hatte mich vor allem dazu gebracht, an Gott zu zweifeln.

Wenn es Gott gibt, warum tut er mir solche schrecklichen Dinge an und reißt die wichtigsten Menschen aus meinem Leben? Selbst hier im Gottesdienst ist die alte Wut wieder spürbar. Das soll Gottes Fürsorge sein? Das ist ja wohl eher ein schlechter Scherz.

Ich merke, dass ich mir nie Gedanken gemacht habe, was Himmelfahrt eigentlich in Hinsicht auf den Glauben bedeutet. Für mich war es immer der Vatertag.

Ich frage, wer oder was denn da zum Himmel gefahren ist. Ich merke, dass es gut ist, dass ich weiß, was an Ostern passiert ist. Ohne Ostern würde ich den heutigen Tag nicht verstehen.

Bleiben wir also erst einmal stehen bei der Auferstehung. Warum ist Jesus nicht direkt nach der Auferstehung in den Himmel aufgefahren? Warum hat er noch vierzig Tage gewartet?

Jesus ist auferstanden und hat den Jüngern seine Botschaft verkündet. Und dann ist er zu Gott in den Himmel zurückgekehrt. Und jetzt kommt der Punkt: Er hat die Botschaft den Jüngern verkündet. Und dann hat er sie losgelassen.

Er hat sie nicht verlassen. Er hat ihnen den Raum gegeben, die Botschaft und ihr Wissen auf ihre eigene Art und Weise weiter in die Welt hinauszutragen.

Er wusste: Wäre er bei ihnen geblieben, wäre er weiterhin der Rabbi, der Herr gewesen und die Jünger hätten an seinen Lippen geklebt. Aber sie hätten nicht ihre eigenen Erfahrungen gemacht.

Er hat es sich wohl überlegt, diesen Zwischenzeitraum zwischen der Auferstehung und Himmelfahrt. Es war nicht einfach nur „noch ein bisschen gemeinsame Zeit". Alles, was er wusste, hat er ihnen mitgegeben und sie dann losgelassen.

Und so ist Himmelfahrt für mich ein Fest des Loslassens geworden. Und auf einmal fällt es mir auch wie Schuppen von den Augen. Der Tod ist schrecklich. Aber wenn unsere Eltern nicht gehen würden, würden wir dann je unsere eigenen Schritte machen und unsere eigene Sicht aufs Leben entwickeln?

Ich kann mit Stolz sagen, dass mein Vater mir in seinem kurzen Leben alles mitgeben konnte, was er über das Leben gelernt hatte. Irgendwann wäre es passiert. Die Trennung. Keine boshafte Trennung, sondern ein natürlicher Prozess des Loslassens, der von der Natur eingeplant ist und uns von Jesus vorgelebt wurde.

Ist es nicht das, was Gott in uns setzt? Was Gott in seinen Sohn gesetzt hat? Dieses bedingungslose Vertrauen und all seine Liebe?

Es rattert in mir. Was hat mein Vater mir mitgegeben? Vor allem eines: *Vertrauen.* Ich kannte noch nie einen Menschen, der so viel Vertrauen in mich gesetzt hat wie er. Mir kommen die Tränen, und sie rinnen im Gottesdienst von meinen Wangen. Ist es nicht das, was Gott in uns setzt? Was Gott in seinen Sohn gesetzt hat? Dieses bedingungslose Vertrauen und all seine

Liebe? Und wenn es wirklich stimmt und es das ewige Leben gibt, ist es dann gar keine Trennung, sondern vielleicht nur ein Abschied? Ein Abschied auf Zeit?

Darf ich erwarten, dass diese großartige, humorvolle Seele im Körper meines Vaters eine neue Aufgabe findet? Ich weiß es nicht, aber der Gedanke, dass mein Vater zu Gott zurückgekehrt ist, zu unser aller Ursprung, besänftigt mich auf einmal. Ebenso wie das Wissen, dass es allen um mich herum genauso geht. Nicht mich allein trifft der Tod, er trifft uns alle. Vielleicht sollten wir offener darüber reden.

Wieso habe ich erst heute versucht, Himmelfahrt zu verstehen? Ich glaube: Die ersten Jahre nach seinem Tod war ich so traumatisiert und verwundet, dass ich die Botschaft von heute nicht verstanden hätte: das Loslassen.

Ich wollte nicht loslassen. Ich wollte klammern. Ich wollte nicht meine eigenen Erfahrungen machen. Ich wollte Papas schützende Arme, seinen Geruch, seine Nähe und seine Liebe. Und da schwillt mein Herz an, und ich werde froh. Ich habe sein Herz, seine Liebe und seine Nähe. Sie sind in mir. Und sie blühen mehr auf denn je.

Jesus hat uns dieses wundervolle Vermächtnis gemacht – er hat es uns vorgemacht! Wir können uns an ihm orientieren. Sein Weg ist unser Weg. Er kann ein Vorbild für uns sein. Er hat es geschafft, er ist aufgefahren. Und in mir macht sich eine Sicherheit breit.

All die Qualen, die mein Vater durch den Krebs erlitten hat, sind vergangen. Er lebt ein göttliches, ewiges Leben und konnte seinen gequälten Körper loslassen. An seine Seele möchte ich mich erinnern. An diese gute, vertrauensvolle Energie. Seinen positiven Vibe. Und ist diese Energie nicht um mich herum?

Ich fühle tief in mich hinein und weiß: Der Vater, er ist immer da. Er hat uns gewollt und geliebt.

Und der Bonus ist, wir haben zwei Väter. Auf Erden und im Himmel. Und beide passen auf uns auf. *Hätte ich mich mit Himmelfahrt nicht beschäftigt, hätte ich diesen Trost nie gefunden.*

Wir können die Bibel wälzen. Aber wir müssen den Geschichten unsere eigene Bedeutung geben. Wir müssen das Wort nicht nur lesen, wir müssen es verstehen. Was wäre dafür besser geeignet als der Gottesdienst? Ich bin dankbar.

Und als ich noch einmal zum Kerzenleuchter blicke und die entzündete Kerze sehe, höre ich ein leises: *„Mach nur. Es ist alles richtig so. Ich liebe dich. Dein Vater."*

Welcher es war? Ich weiß es nicht. Beide sind für mich da.

Pfingsten

Ich lade den Heiligen Geist in mein Leben ein

Ich sitze heute in der letzten Reihe im Gottesdienst. Ich gehe jeden Sonntag zum Gottesdienst, auch wenn ich gestern einen langen Abend hatte. Ich habe jedoch gar nicht bedacht, dass heute viele Menschen da sind, die ich gar nicht kenne, weil sie nur an Feiertagen kommen. Aber ich mache gerne Platz!

Ich habe jetzt verstanden was Pfingsten ist. Das heißt, ich habe 34 Jahre den Feiertag gelebt, wusste aber nicht, warum ich frei habe. *Ist das peinlich?! Darf ich das laut sagen?!*

Aber ich habe es nicht nur durch den Gottesdienst gelernt, nein. Ich habe es gelernt, weil ich mich richtig reingekniet habe. Ich habe alle Texte aus der Apostelgeschichte und dem Lukasevangelium gelesen und interpretiert. Ich muss sagen, um Pfingsten zu verstehen, musste ich erst einmal Ostern verstehen und dann Himmelfahrt!

Und was ich auch nicht wusste: Ich dachte immer, Ostersonntag ist Ostern. Dann ist Ostern abgehakt! Aber nein, ich habe gelernt, dass erst zu Pfingsten die Osterzeit endet! Wow! Ich war völlig überrascht.

Und jetzt kommt es: Pfingsten heißt „der fünfzigste Tag“ und stammt vom altgriechischen Wort „Pentekoste“ Tag ab. Wir feiern es fünfzig Tage nach Ostern.

Ich war völlig ahnungslos. Pfingsten ist der Geburtstag der

Kirche. An Pfingsten wurden zum ersten Mal Menschen im Namen von Jesus getauft. Das alles habe ich leicht verstanden.

Pfingsten ist das Fest, an dem gefeiert wird, dass die Jünger den Heiligen Geist geschenkt bekamen. Wie muss ich mir das vorstellen: Gott sendet seinen Heiligen Geist zu den Jüngern von Jesus? Und was ist mit den Feuerzungen gemeint und dem Sturm, der aufkommt? So wie es Lukas schreibt?

**Für Gottesdienstneulinge wäre es super,
einen Übersetzer neben sich zu haben,
der einem alles erklärt.**

Wie tritt so ein Heiliger Geist in die Menschen ein? Und was bedeutet die Trinität? Die Dreifaltigkeit aus Gott, Jesus und dem Heiligen Geist?

Im Moment bin ich auf einmal sehr stolz auf mich, als ich auf der harten Bank sitze. (Immer noch keine flauschigen Sitzkissen.) Ich weiß noch nicht alles. Aber es erklärt einem ja auch niemand. Für Gottesdienstneulinge wäre es super, einen Übersetzer zu haben, der neben ihnen sitzt und übersetzt, was da gepredigt wird. Ich kann das Glaubensbekenntnis noch nicht auswendig. Aber ich komme jede Woche wieder und gebe mein Bestes. Ich eigne mir alles selbst an.

Um Pfingsten besser zu verstehen, erstelle ich ein großes Pfingstquiz, und das Quiz teile ich mit meinen Freunden. Ich möchte sehen, ob es noch mehr Menschen so geht wie mir, die bisher nicht mal richtig wussten, was dieses Fest bedeutet. Und da ist diese leise Stimme in mir, die immer wieder sagt: Lass dich von der ganzen Theologie gar nicht so sehr einnehmen. Es gibt genug Theologen, aber dich gibt es nur einmal. Meine

Neugierde und meine leichte Naivität zu diesem Thema machen den ganzen Spaß erst aus!

Ich lerne Menschen kennen, die gerne das korrigieren, was ich vorbringe. Und dabei merke ich, dass es gerade die kleinen Fehler sind, die ich mache, die die Menschen dazu bewegen, sich bei mir zu melden und mir zu helfen. *Durch meine Fehler schaffe ich eine Verbindung.*

Als ich das verstanden habe, höre ich den Pfarrer auf einmal in normalen, verständlichen Worten sagen: „Wenn die Indianer einen Teppich weben, dann unterbrechen sie das regelmäßige Muster und weben am Ende einen kleinen Webfehler ein. Sie sagen, durch diesen Fehler tritt der Heilige Geist ein. Wir sagen das auch oft über Menschen: Sie oder er hat einen kleinen Webfehler."

Und dann erzählt er von einer Frau, die zeitlebens ihre Kleidung und ihr Hab und Gut an andere verteilte, bis ihre Familie sie für verrückt erklären wollte. Aber sie hat nicht aufgehört. Sie hat ein normales Muster unterbrochen und etwas getan, was sonst keiner tut. Der Heilige Geist machte sie lebendig, und sie folgte seinen Impulsen. Der Heilige Geist durchbricht unsere normalen Muster. Er führt über sie hinaus.

Vielleicht bekomme ich nach der Veröffentlichung meines Buches viele Zuschriften, die sagen, dass mein Buch theologische Fehler hat. So wie heute, als ich das Wort „Himmelherrgottnochmal" benutzt und dabei gelacht habe. Und dann wurde mir gesagt, dass das Gotteslästerung ist!

Zum Glück lasse ich mich schon lange nicht mehr erschrecken. Ich habe einen Webfehler – ganz bestimmt. Du auch? Herzlichen Glückwunsch und willkommen im Klub! Dann kann ja jetzt der Heilige Geist in uns einziehen.

Fronleichnam

Ich bin eine Brotkrume in einem Laib gläubiger Menschen

„Komisch, aber ich liebe dich mit 35 noch genauso sehr wie mit 34." Das ist der erste Satz, den ich an diesem Tag höre. Es ist mein Geburtstag und gleichzeitig auch Fronleichnam. Das heißt, heute ist ein Feiertag, und ich habe das große Glück, dass mein Mann heute nicht arbeiten muss, sondern wir mit frischen Croissants gemeinsam frühstücken können. Es kommt mir vor wie Urlaub.

Es ist das erste Mal, dass ich heute an Fronleichnam in den Gottesdienst gehen werde. In den letzten 34 Jahren habe ich noch nie an einem Gottesdienst an Fronleichnam teilgenommen. Und ich wusste auch bis heute nicht, was Fronleichnam bedeutet.

Wir frühstücken in Ruhe, und um elf Uhr beginnt der Gottesdienst. Als ich an der Kirche ankomme, kann ich meinen Augen nicht trauen. Wir haben einen sonnigen Tag mit 28 Grad und überall sind Sonnenschirme aufgestellt. Ein Keyboard steht draußen, und es gibt eine Sängerin und einen Sänger, die sich gerade einsingen. Wir stellen noch mehr Stühle und Bierbänke auf, und viele versuchen, sich einen Platz im Schatten zu sichern. Ich möchte in der Sonne sitzen, im Licht. In den letzten Monaten gab es viel Regen und Dunkelheit, und ich habe das Bedürfnis, all das Licht tief in mir zu speichern.

In diesem Gottesdienst geht es nicht um mich, sondern um uns alle. Und im Besonderen um ein junges Mädchen, das heute getauft werden soll, vor einer Blumenwiese voller Mohnblumen. Sie trägt ein weißes Kleid. Ihre Eltern sind da und ihre Patin. Und ich darf diesen Moment miterleben. Ich erlebe meine eigene Taufe, die nicht lange her ist, noch einmal. Ich erlebe noch einmal die Salbung und die Kraft des Wassers, das uns so viel Leben schenkt. Wie das Kerzenlicht, das sie mit nach Hause nimmt. Und ich verstehe das Geschenk der Taufe noch tiefer. Die Taufe verbindet mich mit all diesen Menschen.

Ich kenne viele nicht, und viele werde ich erst noch kennenlernen, aber wir haben etwas gemeinsam. Wir glauben. Uns verbindet unser Glaube. Ich habe das Gefühl, ein Puzzleteil in einem größeren Ganzen zu sein. *„Ich bin eine Krume von einem saftigen Brot"*, denke ich.

Jeder von uns ist ein Licht, und zusammen sind wir ein Lichtermeer.

Und gerade, als ich das denke, erklärt der Pfarrer das Brot. Warum es für uns Christen so ein Sinnbild ist. Viele Körner ergeben ein Brot. Viele Gläubige ergeben den Glauben. Wir sind ein Verbund. Wir sind ein Miteinander. Wir können vor allem nur gemeinsam existieren, sonst können wir nicht genährt werden, nicht erblühen wie diese Mohnblumen hier auf der Wiese. Wenn wir nicht wie die Körner eines Brotes zusammenkleben würden, dann könnten wir wiederum die Welt nicht mit Licht und Liebe nähren. Uns verbindet die Liebe zu Gott und zu Jesus. Und mit dieser Liebe erwirken wir Liebe und Frieden in der Welt. Jeder von uns ist ein Licht, und zusammen sind wir ein Lichtermeer. Wenn sich nur wenige von uns jeden Tag dieses Lichtes bewusst sind, dann entzünden wir für andere Licht in ihrer Dunkelheit.

Heute steht dieses junge Mädchen da vorn. Mit ihren 15 Jahren steht sie an einem ganz anderen Punkt im Leben als ich. Der Pfarrer sagt etwas Wahres. Sie *erlebt* ihre Taufe bewusst, im Gegensatz zu Babys, die getauft werden. Sie wird sich erinnern können, dass es ein Ereignis vor Mohnblumen und im Sonnenschein war. Noch oft, wenn ich Mohnblumen sehe, denke ich an sie.

Wir singen. Ich verstehe die Lieder noch nicht. Aber als das Halleluja kommt, singe ich laut Halleluja. Ich höre meine Stimme. Wie lange habe ich nicht mehr gesungen? Laut und mit anderen? Ich glaube, seit der Schulzeit. Und es tut mir gut, dieses Halleluja. Es passt so schön zu meinem Geburtstag.

Und auf einmal verstehe ich Fronleichnam. Das letzte Abendmahl von Jesus. Es verbindet uns miteinander. Indem wir das Brot essen, erleben wir den Geschmack am eigenen Körper. Wir essen alle das Brot. Es ist der Leib von Jesus, der unser Grundnahrungsmittel ist. Das habe ich vorher nie verstanden. Aber jetzt, wo ich glaube, verstehe ich, dass ich ohne Jesus in meinem Leben nicht mehr leben könnte. Ich brauche ihn in meinem Alltag wie das tägliche Brot.

Es hört sich verrückt an, das zu sagen. Allein das Wort „Jesus“ in meinen Alltag einzubauen, was ja bisher niemand von mir gewöhnt war, fühlt sich zumindest ungewohnt an, und ich verstehe, wenn mich jemand noch verwundert beäugt. Durch diesen Gottesdienst verstehe ich es. Ich erlebe die Gemeinschaft. Ich durchlebe das Singen. Ich bin voll dabei. Hier kann ich frei meinen Glauben äußern und mit anderen darüber sprechen.

Ich glaube, das ist es. Im Gottesdienst zelebrieren wir unser Leben. Wir feiern es.

Ich fühle, dass ich immer mehr verstehe, was es mit diesem Gottesdienst auf sich hat. Was es bedeutet, in den Gottesdienst zu gehen.

Es ist gar nicht mal so sehr ein Dienst an Gott, es ist eine Feier für mich. Ehrlich. Wo hätte ich sonst an diesem Tag so wundervoll vor dieser Kulisse im Sonnenschein meinen Geburtstag erlebt?

Was hätte ich erlebt, wenn kein Gottesdienst gewesen wäre? Ich hätte Freunde eingeladen. Hätte jemand Keyboard gespielt oder mit mir gesungen? Hätte ich Gemeinschaft erlebt? Hätte ich mich so sehr mit Licht aufgetankt, im natürlichen und symbolischen Sinne? Hätte ich einer Taufe beiwohnen können? Hätte ich das Leben so sehr zelebriert, wie ich es mithilfe dieses Gottesdienstes tue?

Ich glaube, das ist es. Im Gottesdienst zelebrieren wir unser Leben. Wir feiern es. Ich denke, nicht nur mein Mann liebt mich so sehr (mit 35 ebenso sehr wie mit 34). Gott tut es auch. Und das gibt mir Gänsehaut. Ich verstehe es auf einmal. Wie sehr Gott bei mir ist. Heute scheine ich zu schweben.

Aber was ich am gewaltigsten spüre: In den letzten 34 Jahren habe ich Glückwünsche von meiner Familie und Freunden bekommen, die sich freuen, dass ich auf die Welt gekommen bin. Heute habe ich zusätzlich Gottes Gegenwart gefühlt und gespürt.

Er hat die Macht, Wunder zu vollbringen. Das Wunder, uns in die Welt zu setzen. Wir wissen nicht, wie uns geschieht, wir erkennen die Zusammenhänge nicht. Aber wir können ihm vertrauen und den Weg mit ihm gehen.

Heute habe ich meinen Geburtstag doppelt gefeiert. Mit Gott im großen Universum. Mit meinen Freunden in meinem Universum.

Und ich habe mich noch nie so bestätigt und geliebt gefühlt wie heute. Ich werde diesen ersten Fronleichnamstag nicht vergessen. Es ist tatsächlich ein Tag zum Feiern. Und ich denke, dass ich mir die Feiertage viel besser merken kann, wenn ich meinen persönlichen Bezug dazu herstelle und sie mit Freude verbinde.

Heute war alles eine Freude.

Mein Glaube im Alltag

Ich finde heraus, ob die Kirche überholt ist

Für die Sendung „Echtes Leben“ mit dem Titel „Kirche – überholt und überflüssig?“ im ARD-Fernsehen hat mich ein Kameramann drei Stunden lang in meinem Alltag gefilmt. Es war ein wunderschöner sommerlicher Tag im Mai. Begonnen hat der Dreh in der Kirche. Nachdem der Gottesdienst vorbei war, hat mich der Kameramann noch einmal ganz allein in dieser Kulisse gefilmt, und zwar beim Beten. Danach hat er mir Fragen gestellt.

„Ist dir die Kirche als Gebäude wichtig? Ist es wichtig, dass es diese Kirche gibt?“ Und ich habe gleich Ja gesagt, und ein Lächeln stieg in mir auf. Sie ist wichtig. Die Kirche ist für mich ein Ort, der Menschen unabhängig von ihrem Alter und auch unabhängig vom Geldbeutel verbindet. Jeder gibt dort das, was er kann. Die Kirche ist immer offen (zumindest unsere), und jeder, der Trost sucht, ist dort willkommen. Ich kenne in meinem Alltag nur noch wenige Plätze, an denen das so ist.

Die Kirche ist für mich auch ein Ort des Schweigens. 15 Minuten reichen mir oft schon aus, um mich zu sammeln. Vieles hat mit Wirtschaft und Konsum zu tun, wenn wir sonst zusammenkommen. Und selten treffe ich als junge Frau z. B. noch alte Menschen. So habe ich in meiner Kirche Ingeborg kennengelernt. Sie sieht fast nichts mehr, und sie kommt kaum noch aus der Wohnung, aber sie besucht jeden Sonntag den Gottesdienst. Und mischt sich unter die Menge, wie sie sagt. Sie bekommt mit, worüber junge Leute sich unterhalten, und ich wiederum bekomme mit, welche Sorgen sie hat und wie ich ihr helfen kann. Daher ist das Gebäude an sich wichtig.

Ich möchte, dass mein Alltagstempel von Ort bleibt.

Ich habe schon berichtet, dass ich den Anfang meines Buches in der Kirche geschrieben habe. Ich möchte, dass Menschen darauf aufmerksam werden und fragen: „Was machen Sie da?" Und dann möchte ich sagen: „Diese Kirche wird gebraucht. Sie ist nicht überflüssig, und sie ist nicht überholt. Ich möchte keine Zusammenlegung von Gemeinden und keine Stilllegung von Kirchen. Ich möchte, dass mein Alltagstempel vor Ort bleibt."

Mir wurde gesagt, dass ich gegen die Zusammenlegung nichts tun kann und dass meine Kirche vielleicht in fünf bis zehn Jahren geschlossen wird, weil einfach zu wenige am Gottesdienst teilnehmen. Aber das haben mir Menschen gesagt.

Gottes Stimme ist lauter. Sie sagt: Kämpfe um deine Kirche! Tu was! Sei ein Vorbild. Tu etwas, das vielleicht komisch aussieht. Sei ein bisschen wie Jesus.

Danach wurde ich gefragt: „Kommst du auch im Alltag einfach nur mal so in die Kirche?"

Und wieder sage ich Ja. Ich mache mir nichts daraus, wie ich gekleidet bin. Mal gehe ich im schönsten Kleid mit hohen Schuhen, und mal gehe ich mit Turnschuhen und Jeans. Manchmal bin ich fünf Minuten da und manchmal eine halbe Stunde.

Und dann kam die Frage: „Und was machst du, wenn du in der Kirche bist?“

Erste Antwort: Beten. Zweite Antwort: Ich zünde Kerzen für meinen verstorbenen Papa und Opa an. Ich habe einen Ort gesucht, wo ich meiner Trauer immer noch Raum geben kann. Im Alltag finde ich das kaum noch, aber in der Kirche steht immer alles bereit. Kerzen sind da, und ich gedenke der Menschen, die ich liebe. Leider werden die Verluste mit zunehmendem Alter größer. Aber an diesem Ort trauern auch noch andere Menschen, ich bin dort nicht allein mit meiner Trauer. Früher dachte ich oft, dass mich meine Geschichte isoliert und ich niemanden habe, mit dem ich drüber reden kann. Jetzt habe ich einen Ort, an dem ich offiziell beten kann und Trauer immer erlaubt ist. Ich muss mich dort nicht verstellen. Und ich kann Menschen finden, die ebenfalls trauern oder Sorgen haben. Es wird dort nichts beschönigt.

„Wie sieht dein Gebet aus, wenn du in der Kirche bist?“, war die nächste Frage.

Ein Gebet ist für mich der Dialog mit Gott. Ich bete nicht einfach so ins Blaue hinein, ich halte keinen Monolog. Einen Monolog halten verbinde ich eher mit Grübeln. Wo einem immer und immer wieder dasselbe durch den Kopf geht und man es nicht loswerden kann. Mein Gebet ist ein Dialog.

Oft ist mein Gebet eine Bitte. Es ist keine Forderung, es ist eine Bitte. Im Gebet lenke ich meine Energie um. Ich beschwere mich nicht mehr über Dinge, die in meinem Leben nicht gut laufen, sondern ich bitte Gott ganz konkret:

Ich bitte dich um neue inspirierende Freunde.

Ich bitte dich um eine Antwort zu einem neuen Job.

Oft bitte ich einfach nur um Führung.

Ich bitte dich, mir den Weg zu meinem wahren Selbst zu zeigen.

Zeig mir, wo ich Erfüllung finden kann.

Zeig mir, wo ich helfen kann und meine Erfahrung gebraucht wird.

Führe mich zu ruhigen Plätzen, um meinem schnellen Alltag zu entkommen.

Nimm mir die Last, die Trauer der Vergangenheit von den Schultern.

Ich übergebe Gott immer meine Sorgen. Sorgen, die ich selbst nicht lösen oder ändern kann.

Bitte, nimm diese Sorgen von mir und hilf mir, wieder leicht und fröhlich zu werden.

Ich bitte für meine Ehe.

Bitte schenke mir genug Ideen, wie ich meinen Mann überraschen kann.

Es gibt unzählige Bitten.

Dankbarkeit in einem Gebet auszudrücken, ist Balsam für die Seele.

Und dann gibt es die Dankbarkeit. Dankbarkeit in einem Gebet auszudrücken ist Balsam für die Seele.

Ich gehe also auch in die Kirche, wenn ich einfach nur Danke sagen will. Oft bedanke ich mich für das Licht in meinem Leben, die Sonnenstrahlen. Für eine wundervolle grüne Wiese, auf der meine Hunde einen schönen Tag hatten. Für die Gespräche, die ich mit anderen Spaziergängern führe. Für die Freundlichkeit der Menschen mir gegenüber. Für Gottes Begleitung in meinem Leben. Für seine Fürsorge für mich. Ich danke für ein schönes Kleid, das ich mir kaufen konnte. Für ein tolles Projekt, das ich habe und das gut läuft.

Viele Dinge im Alltag können wir selbst nicht beeinflussen, wir denken das nur. Über die wichtigsten Fragen unseres Lebens entscheidet Gott, da bin ich mir sehr sicher. Er führt uns mit unserer Familie, unseren Freunden und ganz generell gesagt: mit der Liebe zusammen. Und er sorgt auch dafür, dass wir Orte der Geborgenheit finden, an denen wir uns der Liebe hingeben können. *Gott hat immer eine Antwort. Es gibt nichts, was Gott nicht lösen könnte.*

Tja. Das hört sich alles gut an. Aber ich kann auch verstehen, dass das Gebet für viele nicht so einfach ist. Ich selbst habe 30 Jahre lang nie gebetet und hatte keine Verbindung zum Gebet. Wenn du anfängst zu beten, wirst du schnell sehen, wie es deine Kreativität anregt, und du wirst schnell deine Gebete aufschreiben können. Ich hab's auch geschafft. Es ist wie bei allem: Mit etwas Übung erzielst du schnell gute Ergebnisse.

Ein Gebet dient nicht zuletzt der Entlastung. Du gibst deine Last an Gott ab. Trage die Last der Vergangenheit nicht mit dir allein herum.

Der dritte Punkt in meinem Gebet ist es, um Verzeihung zu bitten. Ich nehme nicht an, dass ich perfekt bin. Es gibt auch Tage, gar nicht so selten, an denen ich weniger bete oder mürrisch zu meinen Mitmenschen bin. Es wäre gelogen, dass ich jeden Tag super happy bin. Zum Glück bin ich das meistens. Aber mir passieren Fehler. Fehler passieren mir dann, wenn ich mir keinen festen Zeitraum am Tag nehme, wo ich Gott begegnen kann. Dann rausche ich durch den Alltag, Termin nach Termin. An diesen Tagen rausche ich an Gott vorbei. Ich bin zu „pushy“. Ich bitte im Gebet, aber ich habe keine Geduld, auf Gottes Antwort zu warten. Und bevor ich die Antwort von ihm erhalte, finde ich meine eigenen Lösungen. Und dann sitze ich in der

Sackgasse und muss selbst irgendwie wieder herausfinden: You can't hurry God!

Aber Gott ist vor allem eines nicht: nachtragend. Wenn ich Dinge aufrichtig bereue, ist die Sache für Gott schnell abgehakt. Er bietet mir sofort Versöhnung an. Danach muss ich mir dann nur noch selbst verzeihen. Aber ich bin ein Mensch, und auch wenn es nicht passieren sollte, ist es passiert.

Das Gebet ist für mich also ein Dialog, ich dem ich konkret um etwas bitte, Dankbarkeit ausdrücke und Versöhnung erfahre.

Die Taufe ist ein supercooles Ritual, das ein Revival erleben sollte.

„Warum ist es dir so wichtig, über deine Taufe zu sprechen?" Die Frage wird mir im Garten meiner Schwiegermutter gestellt. Wir sind hierhergefahren, nachdem der Dreh in der Kirche fertig war. Die Sendung wollte wirklich meinen Alltag zeigen. Wir haben ein paar Erdbeertörtchen gegessen. Der Garten war voller Gänseblümchen, und da es so warm war, hat der Kameramann mich auf der Wiese sitzend gefilmt, zusammen mit meinen Hunden.

Ja, warum ist mir das so wichtig? Ich hätte mich ja auch „im Stillen" taufen lassen können, ohne groß darüber zu reden oder es auf meinem Instagram-Kanal zu thematisieren. Viele machen das vielleicht so und kehren es unter den Teppich, dass sie getauft wurden. Vielleicht empfinden viele die Taufe als nicht so cool, wie ich sie finde.

Deswegen habe ich gesagt: „Die Taufe ist ein supercooles Ritual, das ein Revival erleben sollte!"

Ich glaube, dass viele Menschen, gar nicht (mehr) wissen, was eine Taufe bedeutet. Eine Taufe ist ein Ritual, das uns ins Licht führt. An das wir uns immer erinnern können, wie an unsere Hochzeit, weil wir es selbst durchlaufen und erfahren haben. Das ist der große Unterschied. Wir lesen nicht nur darüber, wir durchlaufen es selbst. Und das gibt Kraft und Halt. Und das ist genau das, was Menschen in meinem Alter oft suchen. Ihre Fülle, Anerkennung für ihre Unperfektheiten, Liebe, Selbstliebe. Alles das bringt Gott uns.

Schließlich wurde ich gefragt: „Was hat dich zum Glauben geführt?"

Und ich habe ehrlich geantwortet. Dass mein Vater Krebs bekommen hat, als ich 16 war, und der Kampf jahrelang gedauert hat. Dass ich mich danach in die Arbeit gekniet und nach Erfolg und Anerkennung gesucht habe, bis ich in einer psychosomatischen Klinik gelandet bin und mir klar wurde, dass es nicht so weitergeht. Dass ich allein war in einer Stadt, in der ich mich nicht gut auskannte, dass ich es schwer hatte, Freundschaften zu schließen. Dass mein beruflicher Erfolg mich innerlich leer zurückgelassen hatte. Und dass dann dieser Tag kam, an dem ich den Kopf gesenkt und einfach nur gebetet habe.

Ich war ehrlich zu Gott. Einfach so. Ich habe mir und ihm nichts vorgemacht. Das hat gutgetan. Mit jedem Gebet bin ich mir klarer und klarer geworden. Und dann konnte ich neu durchstarten.

Feel the Spirit

Ich probe die Vollendung der Taufe durch meine Firmung

„Feel the spirit." Das ist das Motto meiner Firmung. Ich erlebe sie gemeinsam mit der Gruppe der Firmlinge unserer Gemeinde.

Eigentlich finden Taufe und Firmung bei Erwachsenen am selben Tag statt. Ich finde es klasse, dass ich beide Rituale getrennt voneinander erleben darf und das Firmteam mir diesen Wunsch erfüllt hat.

Die Firmung ist für die Firmlinge ein bewusstes Ja zu Gott. Die meisten sind als Baby getauft worden und konnten damals ihr Versprechen noch nicht selbst geben. In der Firmung können sie ihre bewusste Entscheidung treffen.

Die Firmlinge haben das Motto selbst ausgesucht und den Gottesdienst mit eigenen Gebeten und Fürbitten und Ansprachen gestaltet. Da ich kürzlich erst getauft wurde, habe ich an ihrer Firmvorbereitung nicht teilgenommen. Aber ich sehe, wie viel Mühe sie sich gegeben haben, ihre Verbindung mit dem Heiligen Geist in einen feierlichen Rahmen zu setzen. Die beiden Leiter der Firmgruppen haben sich alle Mühe gegeben, mit den Jugendlichen über den Heiligen Geist zu sprechen und ihn erfahrbar zu machen. Deutlich wird gesagt, dass es darum geht, Jesus in sein Leben einzuladen und ihn immer besser kennenzulernen. „Feel the spirit." Eindeutiger könnte das Motto nicht sein. Die Firmung ist die Vollendung der Taufe.

Die Firmung ist für uns alle eine große Sache. Aufregung, wird gesagt, ist normal. Alle sind aufgeregt. Heute wird mir der Ablauf erklärt, und wir proben ihn gemeinsam. So wird der Gottesdienst aussehen:

Feierlicher Einzug
Eingangslied und Begrüßung
Lesung
Evangelium (Firmspender und Pfarrer)
Ansprache des Domkapitulars
Taufbekenntnis
Glaubensbekenntnis
Firmgebet
Lied
Firmhandlung: Handauflegung und Salbung
(hier sagt man laut seinen Vornamen)
Gabenlied
Eucharistiefeier
Vaterunser
Schlussgebet
Dankesworte

Mir wird klar, wie viel Mühe sich alle gegeben haben. Aber noch mehr wird mir Folgendes klar: Die Firmung schafft Gemeinschaft.

Die Firmlinge lernen sich kennen, kommen zusammen und reden über Gott. Und sie knüpfen Kontakte. Sie geben ihrer Firmung ein Motto. All das schweißt zusammen. Wahrscheinlich werden Sie sich immer an das gemeinsame Motto erinnern. Es ist interessant, finde ich, dass es kein deutsches Motto ist. Es hört sich in englischer Sprache einfach so viel cooler an.

„Erlebe den Heiligen Geist" – das klingt doch ein wenig angestaubter. Ich finde, dass diese Firmprobe sehr ungezwungen ist. Das entspannt mich ein wenig. Ich bewundere die jungen Leute, die sich wirklich Gedanken um ihre Fürbitten gemacht haben. Ich sehe sie am Lesepult stehen und ihre Ansprache proben. Sie sprechen darüber, dass alles Sichtbare vergehen wird, aber das Unsichtbare ewig bleibt. Das berührt mich. Sie sagen, dass alle Sorgen, die wir haben, mit der Zeit verschwinden, unser Körper vergeht und wir bei Gott eine neue „Wohnung" im Himmel bekommen. Sie erklären es so, dass ich es auf Anhieb verstehe. Eine gute Truppe.

Ihre Fürbitten handeln nicht von sich selbst, sondern sie bitten für alle Menschen, die Trost in der Kirchengemeinde suchen. Sie beten für erneuernde Kräfte durch den Heiligen Geist bei Menschen, die krank sind. Sie bitten für alle, die von Angst überwältigt sind. Und sie bitten für alle Menschen, die sie heute vermissen, weil sie gestorben sind.

Anschließend beten sie gemeinsam: „Heiliger Geist, wir bitten dich, erhöre uns."

Danach sprechen sie zu Gott: „Du lädst uns ein, den Glauben zu vertiefen. Du sendest uns den Heiligen Geist. Du bist der Weg und du gehst ihn mit uns."

Ich weiß nicht, ob ich vor 20 Jahren schon verstanden hätte, was diese Sätze bedeuten. Ich spüre die Ernsthaftigkeit im Raum und die Bedeutung. Was ich weiß, ist, dass diese Worte für mich genau zum richtigen Zeitpunkt kommen. Und deswegen bin ich sicher, dass diese Worte auch für die jüngeren Firmlinge zum richtigen Zeitpunkt kommen.

Als ich in ihrem Alter war, hat mein Vater die erste Krebsdiagnose bekommen. Ich hatte nie die Chance, meine Eltern zu dieser Feier einzuladen, so wie die Firmlinge ihre Familien in den Reihen hinter sich sitzen haben. Aber ich habe meinen Mann, und er wird dabei sein, wenn ich zu Gott ja sage. Gott versöhnt alle. Gott bedenkt jeden. Und er gibt auch mir noch die Chance, dieses Ritual im Kreis meiner heutigen Familie zu erleben. Denn dafür ist es nie zu spät. Und es lohnt sich. Die Firmung ist eine Einladung an alle, ihren Glauben zu vertiefen und in diesem gemeinsamen Ritual erfahrbar zu machen.

Meine Firmung

Ich feiere die Verbindung mit dem Heiligen Geist

Dieser Tag startet morgens um sechs Uhr. Ich bin aufgeregt und wache pünktlich auf. Der Firmgottesdienst beginnt um neun Uhr dreißig. Es wird drei Gruppen an diesem Tag geben, und ich bin in der ersten. In meiner Gruppe sind wir sieben Firmlinge.

Der Himmel ist von grauen Wolken bedeckt, das Fenster weit geöffnet. Frische Energie dringt ein. Ich beuge mich vor, strecke die Arme weit nach vorne aus und bleibe so voller Hingabe liegen. Ich warte, welche Worte Gott in mir formt.

Und auf einmal bete ich:

Danke, dass du mir den Atem geschenkt hast.
Danke, dass du die Stille in mir bist.
Danke, dass wir uns ohne Worte verstehen.
Danke, dass du die Wahrheit mit mir teilst.
Danke, dass du bereits vor langem „Ja" zu mir gesagt hast.

Dann sage ich innerlich:

„Gott, wenn du mir noch etwas sagen möchtest, dann tue es jetzt. Wenn ich gleich in der Zeremonie Ja gesagt habe, wirst du mich nicht mehr los. Ich möchte dir jeden Tag meine Sorgen übergeben, deine unendliche Freude teilen und dein Licht in der Welt verbreiten.

Ich bin mit dir verbunden. Gemeinsam mit dir bringe ich Licht in die Welt. Du bist mein Vater, du bist meine Familie. Niemand kann uns je wieder trennen. Unser Gebet ist ein Dialog für mehr Menschlichkeit. Dank dir stehe ich mit meinen Füßen fest auf der Erde, auch wenn mein Kopf in den Wolken steckt. Deine Flamme brennt in mir. Nie werde ich deinen Namen vergessen. Ich gehe jetzt raus in die Welt und komme nicht zurück, bevor ich dein Licht entzündet habe."

Während des Firmgottesdienstes verstehe ich besser, was wir unter Gemeinschaft verstehen: Wir alle auf der Welt, in der Familie, bei der Arbeit, unter Freunden, unter Nachbarn – wir teilen ein Leben. Eine gemeinsame Zeit auf der Erde. Im Jetzt. Wir sind Brüder und Schwestern. Wir sind eine Einheit, niemand kann ohne den anderen existieren.

Und heute dreht sich alles um dieses Miteinander. Und um die Erneuerung. Die Erneuerung der Kirche durch Menschen, die sie gestalten. Und Erneuerung findet tatsächlich statt. Die Firmlinge haben die Kirche tatsächlich gestaltet. Mit ihren Fürbitten, Ansprachen, dem Gesang. Sie haben den Gottesdienstablauf geprobt, sie sind daran gewachsen. Sie mussten Mut beweisen, ans Lesepult zu gehen und zu anderen zu sprechen. Sie sind tatsächlich reifer geworden. Sie haben Neues in die Kirche gebracht, auch mit ihrem Motto „Feel the spirit". Sie haben die Kirche gestaltet.

Meine Taufe war intensiv, bewegend, berührend. Heute fühle ich eine Leichtigkeit, das Miteinander, ich kann mich entspannen, alles auf mich wirken lassen. Heute lasse ich den Heiligen Geist bewusst in mein Leben.

Die zentrale Rede ist die des Priesters. Er sagt den Firmlingen, dass sie jetzt am Eintritt ihres Erwachsenenalters stehen, wo sie bereits andere Entscheidungen treffen können als ihre Eltern. Und er erzählt von Jesus, der als Jugendlicher bei seinen Eltern abgehauen ist und in einem Tempel mit anderen wiedergefunden wurde. Er hatte sich geweigert, mit seinen Eltern zu gehen. Später reagiert er auf den Versuch seiner Familie, ihn nach Hause zu holen, so: Er blickt in die Runde, zu seinen neuen Freunden, und sagt: „Das hier sind meine Mutter und meine Brüder“ (Markusevangelium, Kapitel 3, Vers 31–35). Er sucht sie jetzt selbst aus.

Für mich haben die Worte eine starke Kraft. Noch heute mit mittlerweile 35 denke ich an meine Familie und die Schritte, mit denen ich mein eigenes Leben gestalte. Es gibt große Projekte, die ich allein verantworte. Wer soll uns helfen, wenn die Familie nicht mehr in der Nähe ist?

Es ist Gott, es ist Jesus, der uns auffängt. Wir gehen seinen Weg jetzt mit ihm. Ich habe Jesus stark gespürt. Ob die anderen Firmlinge ihn auch so sehr spüren?

Ich bekomme ein Buch über ein Gebet mit einer Karte: „Wenn du über den Glauben reden möchtest, dann kannst du mich sehr gerne anrufen.“ Es ist die Frau, die die Firmung organisiert hat. Sie freut sich über meine Entscheidung. Und ich bekomme eine Bibel und ein Kreuz für den Hals geschenkt. Ich könnte gar nicht genug Bibeln haben. Diese beschreibt gut, wie die Gleichnisse und Bilder auf den Alltag anzuwenden sind. Wir sieben Firmlinge stehen vor dem Altar, als Fotos von uns gemacht werden. Die Kerzen brennen. Wir werden diesen Moment der Erinnerung für immer teilen.

Wenn ich diesen Tag in einem Wort beschreiben sollte,

würde ich sagen: Liebe. Es war für mich die Vollendung meiner Taufe.

Mit der Taufe habe ich mich in ein Abenteuer gestürzt, das mir mehr Halt in meinem Leben gegeben hat, als jedes andere Projekt.

„Feel the spirit." Ich habe diesen Spirit in mich aufgesogen und bedacht, wie viele neue Menschen, wie viel Liebe, Freunde, Freundschaften, Gespräche, Kommunikation, Erleben, Gemeinschaft, Miteinander, Herzlichkeit und unbändige Freude ich gefühlt habe.

Ich, die sich mit der Taufe in ein neues Abenteuer gestürzt hat. In ein Abenteuer, das mehr Stabilität und Halt in mein Leben gebracht hat als jedes andere Projekt. Jesus ist kein Projekt, er ist kein Seminar, er fordert keine Zertifikate. Wir sind geliebt und gut, so wie wir sind. Wir Christen nehmen einander an. Das habe ich gelernt.

„Wir sind jetzt eine Familie im Geist." Mit diesem Satz endet der Firmgottesdienst, der kein normaler Gottesdienst ist. Heute haben wir einen Gitarristen, jemanden, der Geige spielt, Sängerin und Sänger, den Organisten und so viele fleißige Helfer, die dieses Ritual seit Monaten gemeinsam mit den Firmlingen vorbereitet haben.

Mir wird schnell klar, was die Firmung so besonders und anders als die Taufe macht. Hier geht es nicht um mich, *es geht um uns alle*. Es geht um unsere Gemeinschaft, die Erneuerung der Kirche und den Frieden, den alle Firmlinge ab heute in die Welt tragen. Sie sind in die Gemeinschaft der Christen aufgenommen.

Der Priester sagt zu uns: „Es ist jetzt euer Job, Frieden in die Welt hinauszubringen."

Das ist ein Job, für den es keine Ausbildung gibt. Sollte es aber. *Vielleicht wäre es die wichtigste Ausbildung unseres Lebens*. Aber dafür haben wir die Taufe und die Firmung. Es ist wichtig, dass wir diese Rituale hautnah erleben. Mit allen Sinnen.

Ich bin Gott dankbar, dass ich diese Zeilen und dieses Licht in die Welt hinaustragen kann. Einen schöneren Auftrag hatte ich noch nie von ihm. Ich fange an, ihn wahrzunehmen, indem ich einen Segen für dich spreche.

Du bist ein Lichtblick in dieser Welt.
Strecke deine Hand immer nach Gott aus.
Sei hilfsbereit, folge dem Geist,
und du wirst immer bekommen,
was du zum Leben brauchst.

**Frieden bringen.
Einen schöneren Auftrag
hatte ich noch nie von Gott.**

Für die Taufe ist es nie zu spät

Ela, Lena, Jamina und Philipp: „Wir haben uns auch für die Taufe entschieden."

Nach meiner Taufe und Firmung muss ich mich unbedingt unter Leute mischen. Ich möchte mich mit denen austauschen, die sich auch gerade mit der Taufe beschäftigen. Ich beschließe, eine Interview-Reise zu machen. Denn ich möchte meine Geschichte zur Erwachsentaufe nicht allein für sich stehen lassen. Ich habe Lena (23), Ela (39), Jamina (20) und Philipp (40) gefunden.

Lena aus Hannover wurde mit sechs Jahren getauft. Ela ist 39, wohnt in Dresden und überlegt noch, ob sie sich taufen lassen möchte, bzw. wann dafür der richtige Zeitpunkt sein wird. Jamina, 20, wurde zwar bereits als Baby getauft, wollte diesen Schritt aber für sich persönlich und ganz bewusst noch einmal vollziehen. Sie ließ sich zum zweiten Mal taufen. Und anlässlich meiner Firmung bin ich mit Philipp aus Haiger in Kontakt gekommen. Er ist 40, war drei Monate vor seiner Firmung im Kloster, um zu checken, ob er wirklich den Weg mit Gott gehen möchte. Er ist ein DDR-Kind.

Die DDR zieht sich wie ein großes *Wunder* durch all diese Geschichten. Lenas Mutter kommt aus der DDR, Ela ist dort geboren, Philipp und ich auch! Vor den Interviews wusste ich das nicht! Gottsuchende gibt es überall. Menschen, die glauben, haben alle eine unterschiedliche Geschichte und Beziehung zur Kirche. Und keine gleicht der anderen! Deswegen kann das Buch nur ein Anstoß dazu sein, dich mit deinem eigenen Glauben auseinanderzusetzen. Natürlich habe ich all diese Menschen vorher gefragt, ob ich ihre Geschichten erzählen darf, um dich zu inspirieren. Und die Begegnung mit ihnen und vielen anderen hat mich in meiner Überzeugung bestärkt: Für die Taufe ist es nie zu spät!

Ela, 39: „Ich kann mich noch nicht ganz zur Taufe entschließen."

Meine erste Reise führt mich nach Dresden. Dort möchte ich Ela treffen. Ela steht die Taufe noch bevor, sie ist noch unsicher, ob sie diesen Schritt tun soll.

Im Hauptbahnhof angekommen, gehe ich die Treppen hinunter, und schon laufe ich Ela in die Arme. Ela arbeitet hier in einer Filiale einer großen italienischen Bekleidungskette. Nach einer zehnminütigen Fahrt mit der S-Bahn stehen wir auch schon vor ihrem Zuhause. Wir gehen die Treppen hoch in den dritten Stock und, dort angekommen, direkt durch in die Küche. Ela öffnet das Küchenfenster, und ich kann einen Blick über die Dächer von Dresden werfen.

Ela erzählt mir, dass in ihrer Familie noch nie jemand getauft war. Sie wuchs ohne Bibel auf. Sie ist durch ihren Freund erst zum Glauben gekommen. Er hat ihr eine Bibel geschenkt. Sie gibt zu, dass sie nicht sehr oft darin liest, sondern lieber die You-Version Bibel-App benutzt. Sie mag die Lesepläne und auch, dass dort Gefühle, wie z. B. Ängste, Sorgen oder auch Fragen angesprochen werden. Aktuell beschäftigt sie sich damit, wie sie ihren eigenen Zugang zur Bibel finden kann. Ihr Freund stellt bereits Bibelzitate auf Instagram online. Und obwohl sich Ela zunächst unsicher war, hat sie es auch ausprobiert. Sie sucht Bibelzitate, die sie berühren, und postet sie auf ihrem eigenen neuen Kanal. Es gibt ihr ein gutes Gefühl, wenn sie den Lesern damit Trost spenden kann.

Ela steht bald ein neuer Lebensabschnitt bevor. Sie zieht mit ihrem Freund zusammen. Gemeinsam mit ihm hat sie bisher zwei Gottesdienste besucht. Ob sie betet, frage ich sie. „Nicht so oft, wie man sollte." Wir lachen. „Aber ich denke oft an Gott. Ich habe diese Gedanken mit Gott. Ich brauche nicht zu Hause zu sitzen und streng beten, sondern ich habe einen Austausch."

„Hat es einen Vorteil für dich? Ich meine, du würdest doch das alles bestimmt nicht machen, wenn es keinen Vorteil für dich hätte?", will ich wissen.

„Ich reagiere jetzt vielleicht anders. Ich bin ein sehr direkter Mensch, und wenn mich was nervt, lasse ich es gerne mal raus. Aber jetzt habe ich noch mehr gemerkt, dass es besser tut, wenn ich ruhiger bleibe. Ich überbewerte jetzt nicht immer alles. Ich bin eigentlich immer ein positiver Mensch. Ich versuche, liebevoll mit Menschen umzugehen. Und sie zu ermutigen."

Ich würde manchmal sagen, Gänsehaut zu haben, das ist, Gottes Anwesenheit zu spüren.

„Hilft dir dabei Gott?"

„Ich weiß nicht, ob er schon immer in mir war. Ich merke, wenn jemand in Not ist. Neulich stand eine Oma hinter mir und hat ihre letzten Cents zusammengekratzt, und ich musste das Brot einfach mitbezahlen. Oder eine Kundin war da mit ihrer Tochter, sie tat mir leid, weil ich gesehen habe, dass sie sich selbst verletzt. Und dann bekomme ich Gänsehaut. Dann möchte ich helfen. Ich würde manchmal sagen, Gänsehaut zu haben, das ist, Gottes Anwesenheit zu spüren."

Ich hake nach: „Fällt dir noch was ein, wo du ihn spürst?"

„Eigentlich merkt man ihn immer. Eigentlich ist er immer bei mir, egal was ich mache."

„Und die Bibel: Hattest du damit früher Kontakt?"

„Früher habe ich die Bibel bei Verwandten zu Hause gesehen. Ich habe sie nie verurteilt als Märchenbuch, d. h. ich habe sie nie belächelt. Jetzt habe ich selbst angefangen, in der Coronazeit, mich mit der Bibel zu beschäftigen. Es kam durch meinen Freund. Ich konnte mich mehr hinein vertiefen, weil ich mehr Zeit hatte."

Ich komme auf die Taufe zu sprechen: „Kannst du dir vorstellen, dich taufen zu lassen? Was müsste noch passieren?"

„Ich würde mir für mich wünschen, dass ich noch fester im Glauben bin, noch sicherer. Und ich wünsche mir, in einem See getauft zu werden und nicht an einem Becken. Das stelle ich mir schön vor, so in der Natur getauft zu werden. Nur mit Menschen, die mir nahestehen, ganz klein und intim. Ich möchte nicht so gern vor einer ganzen Gemeinde dabei im Mittelpunkt stehen."

„Wartest du auf den richtigen Zeitpunkt?"

„Ich warte noch, bis ich zu meinem Freund umgezogen bin. Dann sind wir in derselben Gemeinde. Vielleicht geht es ja dann ganz schnell. Ich freue mich auf eine Gemeinschaft. Der Austausch mit anderen Christen ist schön, wenn ich sonst nicht so viele Menschen um mich habe, mit denen ich über den Glauben sprechen kann."

„Wonach würdest du gehen, um dir eine Gemeinde auszusuchen?“

„Nach dem Positiven! Nach der Energie. Nach der Begeisterung. Lockerheit, Fröhlichkeit, Musik, Singen. Es muss ansteckend sein.“

Ob sie sich schon einen Termin für ihre Taufe vorstellen könne, frage ich zum Schluss, und sie lacht: „Das lasse ich einfach alles auf mich zukommen.“

Lena, 23: „Bei meiner Taufe war ich sechs.“

Weiter geht meine Reise zu Lena nach Hannover. Lena habe ich durch Instagram kennengelernt. Lena wurde mit sechs Jahren getauft. Das ist ein spannendes Alter für eine Taufe, wie ich finde, denn Lena sagte mir, dass sie sich an ihre Taufe erinnern kann. Es ist für sie besser als eine Babytaufe, weil sie mit sechs Jahren bereits echte Eindrücke von der Taufe mitnehmen konnte.

Lena holt mich am Bahnhof ab, und wir fahren in ihre Wohnung mit einer schönen Dachterrasse. Es tut gut, uns mal ganz unter uns Mädels über den Glauben zu unterhalten. Auf dem Tisch steht „die Box“. Die magische Box mit ihrer Taufkerze und allen Utensilien ihrer Taufe.

Warum bin ich gerade auf Lena aufmerksam geworden? Weil sie ein großer Bible-Journaling-Fan ist! Obwohl sie schon lange im Glauben unterwegs ist, erzählt sie mir, dass sie durch Bible Journaling einen völlig neuen Zugang zur Bibel bekommen hat. Sie entwickelt kreative Motive, fotografiert sich dann die entsprechende Stelle aus der Bibel ab und hat so ihren eigenen kleinen Katalog von Bibelversen auf ihrem Smartphone. Diese geht sie dann auf ihrem Weg zur Uni durch. Die Fahrt dauert oft mehr als 30 Minuten, und so nutzt sie ihre Zeit sinnvoll. Gleichzeitig gibt sie ihrer Community auf Instagram wertvolle Tipps für mehr Kreativität mit der Bibel!

Ich selbst bin auch ein großer Fan von Bible Journaling und freue mich, Lenas Arbeitszimmer mit all den bunten Stiften und Materialien zu erkunden.

In einem blauen Ohrensessel sitzend erzählt mir Lena ihre Geschichte. Dass es für ihre Eltern gar nicht so einfach war, sich zwischen evangelisch und katholisch zu entscheiden, da beide Eltern unterschiedlichen Konfessionen angehörten.

Und wieso war es gerade das sechste Lebensjahr, in dem Lena getauft wurde? Es hing damit zusammen, dass sie eine katholische Schule besuchen wollte, als sie eingeschult wurde! Und dort war die Taufe Voraussetzung. Ihre Eltern stellten es ihr frei, sich in ihrem Leben selbst für die Taufe zu entscheiden, und so entschied sich Lena im Alter von sechs Jahren, dass es der richtige Zeitpunkt für sie sei.

„Für mich war es aber schön, mit sechs Jahren getauft zu werden, weil ich mich noch daran erinnern kann", sagt Lena. „Natürlich nicht an alles, aber ich war in einem Alter, wo ich es ganz toll fand, getauft zu werden. Und ich wollte sehr gerne getauft werden. Meine Oma hatte mir alles gezeigt und beigebracht. Meine Oma hat mir quasi den Glauben gezeigt. Wenn wir in die Kirche gegangen sind, waren wir immer etwas eher da. Sie ist mit mir den Kreuzgang entlanggegangen und hat mir alles erklärt. Sie hat mir Weihnachten erklärt; bei meiner Oma war es das Christkind und bei meinen Eltern der Weihnachtsmann. Sie hat sich Zeit genommen, mir alle Fragen zu erklären, die wirklich viele waren. Wenn ich mir heute die Fotos von meiner Taufe anschaue, dann kann ich mich an alles erinnern. Ich weiß, welche Kirche es war, wer dabei war."

„Würdest du sagen, dass es positiv ist, wenn man sich in einem Alter taufen lässt, wo man es mitbekommt, oder hättest du gesagt, du wärst lieber gleich bei der Geburt getauft worden?", will ich noch wissen.

„Ich finde, es kommt darauf an. Es ist eine große Frage, weil viele Menschen sich fragen: Soll ich mein Kind gleich bei der Geburt taufen lassen? Oder lasse ich es später selbst entscheiden? Wenn ich mal Kinder bekomme, lasse ich sie direkt als Babys taufen. Einfach, weil ich ihnen den christlichen Glauben vorleben werde. Ich werde mit ihnen in den Gottesdienst gehen und ihnen den Glauben beibringen.

Wenn ich aber an Paare denke, die gerade ein Kind bekommen, da sieht die Situation anders aus, wenn beide keine Kirchgänger sind. Trotzdem wollen junge Eltern oft ihr Kind taufen lassen, damit es sich später nicht entscheiden muss. Das finde ich aber schade, weil die Taufe dann quasi gar keine Bedeutung hat. Das ist dann eher eine Babyparty, um die ganze Familie einzuladen, aber die Taufe bedeutet nichts. Eine Babytaufe finde ich gut und sinnvoll, wenn die Eltern den Glauben auch vorleben."

Bible Journaling ist für mich eine sehr persönliche Auseinandersetzung mit der Bibel.

„An wen oder was denkst du, wenn du dich an deine Taufe zurückerinnerst?"

„Ich denke dabei immer an meine Oma, weil sie den Samen in mir gestreut hat. Sie hat so viele Menschen mit ihrem

Glauben angesteckt, und bei mir hat es auf jeden Fall funktioniert." Heute studiert Lena Kunstwissenschaften und Medienwissenschaften. Passt perfekt zu ihrem neuen Hobby, dem Bible Journaling, das sie eine „sehr persönliche Auseinandersetzung mit der Bibel" nennt.

Früher in der Schule war die Bibel für sie nur ein „Beiwerk". Heute hat Lena sich eine Morgenroutine angewöhnt. In den ersten 30 Minuten nach dem Aufstehen lässt sie sich Zeit, um in ihr Tagebuch zu schreiben und kreativ zu werden. Sie zeigt mir Seiten, auf denen sie eine wunderschöne Ähre neben ein Samenkorn gezeichnet hat. Dabei spricht sie auch ein Minigebet: „Gott, leite mein Herz durch die Bibel und lass meine Hand das Kreative zeichnen."

Zum Abschluss unseres Gespräches erzählt Lena mir von ihrer Firmung. Sie war damals 16. An diesem Tag hat sie den Firmnamen „Eva" angekommen. Es ist der Name ihrer Oma. Ihre Oma hat die Firmung miterlebt und sie mit Lena gefeiert.

Das Gespräch mit Lena zeigt mir, wie individuell und einzigartig die Taufe und die Firmung für uns alle sind. Wir verbinden nicht nur unsere ganz eigene Geschichte damit, sondern wir erinnern uns zurück an alle, die dabei waren, uns unterstützt und geliebt haben.

Jamina, 20: „Ich habe mich zum zweiten Mal taufen lassen."

Meine Reise geht weiter in den Schwarzwald, zu Jamina. Ich musste sie unbedingt treffen. Ich selbst habe mit 34 Jahren zu Jesus gefunden und merke, dass mir der Glaube und die Bibel noch Rätsel aufgeben. Und Jamina ist so stark im Glauben, dass sie sich entschlossen hat, sich als Erwachsene noch einmal taufen zu lassen. Es lag ihr am Herzen, nach ihrer Babytaufe, die ihre Eltern für sie entschieden haben, noch einmal dieses Ritual zu erleben, ganz dabei zu sein und bewusst selbst „Ja“ zu Jesus zu sagen.

Jamina wohnt im Haus ihrer Eltern, ihr Zimmer ist hell eingerichtet. Auf ihrem Bett liegt eine mintgrüne Decke. Auf ihrer Nase sitzt eine zarte Brille mit einem Metallrahmen, und ihr langes braunes Haar fällt ihr über die Schultern. Jamina steckt mitten in ihrer Ausbildung zur Erzieherin. Und da kommen wir direkt zum Punkt.

Jamina braucht Jesus, wenn sie mitten in einer Schar von 40 Kindern auf dem Spielplatz steht und alles durcheinandergeht. Dann schickt sie oft Stoßgebete, wie sie es nennt, zu Jesus. Jesus gibt ihr Kraft. Sie fühlt sich gesehen und von ihm unterstützt. Das Personal in der Grundschule, in der sie in der Ganztagesbetreuung arbeitet, ist immer knapp, und jeder Tag stellt sie vor neue Aufgaben. Mit Kindern zu arbeiten, ist eine große Verantwortung, die Jamina sehr ernst nimmt. Sie möchte immer ihr Bestes geben. Aber sie steht täglich vor neuen Situationen, die sich nicht im Voraus planen lassen.

Im Gebet kann sie ins Gespräch mit Jesus kommen. Das beruhigt sie, und sie gewinnt eine neue Gelassenheit. Mithilfe von Jesus kann sie in Liebe auf ihren Job schauen.

In ihrer Ausbildung gibt es auch längere Prüfungsphasen, die vorbereitet werden wollen. Der Druck, rasch nacheinander viele verschiedene Inhalte abzuliefern, ist oft hoch.

Jamina hat eine Möglichkeit gefunden, diesen Druck kreativ abzuleiten. Sie schreibt Texte für Poetry-Slams und teilt diese mit ihrer Gemeinde und auf Instagram. Einer ihrer Texte über ihre Prüfungsphase ist bei den Leuten in ihrem Alter besonders gut angekommen. Jamina trägt ihn mir vor:

Prüfungsphase

Wut auf mich selbst, dass ich es mal wieder nicht geschafft habe.
Gute Leistungen in der Schule und keine Bibel gelesen.
Der Druck steigt, und ich kann nicht mehr atmen.
Alles gleitet mir aus der Hand.
Ich kann nicht mehr.
Dieses Gefühl von Ohnmacht.
Ich sitze weinend da und kann nicht mehr.
Doch dann kam Jesus und sagte zu mir:
Atme. Atme mich ein. Du kannst es nicht allein schaffen.
Aber mit mir kannst du. Mit mir kannst du leben.
Vergiss meine Worte nie.
Ich will dich nicht verlassen noch von dir weichen.
Der Feind versucht immer wieder, dich niederzudrücken, aber ich habe den Sieg errungen.
Jesus, ich kann nur Halleluja zu dir rufen!
Danke, dass du mich kennst und weißt, was ich brauche.
Ich kann alles durch den, der mir Kraft und Stärke gibt.
Das ist Jesus.
Ich atme ihn ein und genieße seine Gegenwart.

Ich bin so froh, dass ich heute hierhergekommen bin. Sich so konkret mit Jesus und mit einem Thema, das viele in Jaminas Alter beschäftigt, auseinanderzusetzen und diese Gedanken mit anderen zu teilen – dem zolle ich vollen Respekt. Es zeigt mir, dass der Glaube nichts mit dem Alter zu tun hat. Wir brauchen nicht erst 20 Jahre lang in einer Gemeinde sitzen, bevor wir eine Beziehung zu Jesus aufbauen können. Wir können selbst aktiv werden, egal in welchem Alter.

Philipp, 40: „Vor meiner Firmung habe ich Antworten im Kloster gesucht."

Ich fahre nach Haiger zu Philipp. Als ich ankomme, empfängt mich ein üppiges Frühstück. Ich genieße es sehr, denn Philipp ist Koch. Philipp hat eine krasse Geschichte zu seiner Firmung zu erzählen. Wir sind gerade in der Zeit meiner eigenen Firmung in Kontakt gekommen. Ich wurde als Erwachsene gefirmt, aber meist sind die Firmlinge ja im Alter zwischen 14 und 16 Jahren.

Ich frage Philipp nach seiner Geschichte. „Bist du evangelisch oder katholisch?"

„Ich bin römisch-katholisch."

„Und in deiner Familie, wie sah es da aus, waren alle getauft?"

„Es waren alle getauft, Mama, Papa, Oma. Meine Mutter war sehr gläubig. Von ihren Eltern wurde es ihr auch vorgelebt. Wir sind immer in den Gottesdienst gegangen. Jeden Sonntag, und wenn wir das nicht konnten, sind wir samstagsabends gegangen."

„Fandest du es gut, dass deine Eltern dich bei der Geburt getauft haben, oder hättest du dir gewünscht, es später selbst zu entscheiden?"

„Ich finde es gut, weil ich somit eine Richtung im Leben hatte, etwas, woran ich mich festhalten konnte."

Dann kommen wir auf die Geschichte seiner Firmung zu

sprechen. Als Philipp vor seiner Firmung stand, wusste er nicht, ob er Ja zu Gott sagen wollte. Er fand, es wäre eine große Herausforderung, zu entscheiden, ob er seinen zukünftigen Weg mit Gott gehen wollte.

„Wie es genau angefangen hat, weiß ich nicht mehr", berichtet Philipp. „Ich weiß nur, dass wir einen richtig coolen Pater hatten. Er war schon Siebzig, und trotz seines hohen Alters war er richtig cool drauf und hat immer coole Sprüche gemacht. Er war der ausschlaggebende Faktor, als ich mir überlegt habe, ob ich mich firmen lassen soll. Er hat mir vor der Firmung gesagt: ‚Wenn du deinen Weg suchst, dann suche den Weg ins Kloster.'

Da war ich so 13 ½. Wir hatten dienstags immer Jugendunterricht, und da wurden wir auf die Firmung vorbereitet. Da hat er mir das gesagt. Ich weiß nicht, ob ihm bewusst war, dass ich es durchziehe. Ich habe eine Zeitlang darüber nachgedacht, bin dann in die Stadt gefahren und habe am Kloster geklingelt.

Dazu muss ich sagen, dass es ein großer Schritt für mich war. Ich war damals ein sehr, sehr schüchterner Typ. So einen Schritt zu gehen, war schon groß. Das Kloster war direkt in der Stadt. Da hab ich mit 14 geklingelt."

Philipp hat damals entschieden, niemandem von seinen Freunden in der Schule davon zu erzählen, weil das „eine Entscheidung zwischen mir und Gott" gewesen sei. Insgesamt war er damals drei Monate lang bis zu zweimal die Woche in diesem Kloster. Er fühlte sich dort angenommen und aufgehoben.

„Wahrscheinlich war es Geborgenheit, was ich gesucht habe, aber damals war mir das nicht bewusst. Die Geborgenheit und die Barmherzigkeit und das Sich-aufgenommen-Fühlen haben mir gutgetan. Ich hatte viele Gespräche im Kloster mit ehrenamtlichen Mitarbeitern und dem Padre dort, und das hat mich darin bestätigt, mich firmen zu lassen. Einfach mit allen. Es sind sehr viele Menschen auf mich zugekommen. Viele Ältere waren auch im Rollstuhl, und ich habe sie durch den Ort geschoben. Es war eine Gruppe, wo ich gerne dazugehören wollte."

„Hattest du mit dem Pater, der dir den Rat mit dem Kloster gegeben hat, später nochmal Kontakt?", möchte ich wissen.

„Er gehörte eigentlich zu einer anderen Gemeinde. Wir hatten uns im Kloster nicht gesehen und ich habe ihm auch nicht gesagt, dass ich dort war. Bei der Firmung sahen wir uns wieder, und ich habe Dankeschön gesagt und: Er wusste genau wofür! Das hat mich damals umgehauen! Woher wusste er das?"

Heute arbeitet Philipp in einem christlichen Altersheim als Koch. Den schönsten Moment habe er dort erlebt, als alle älteren Leute beim Essen plötzlich angefangen haben zu klatschen, weil sie sein Menü so liebten. Für Philipp ist es wichtig, im Leben etwas zurückzugeben und auch zurückzubekommen. Er kann nicht sagen, ob es Zufall oder Fügung war, dass er damals im Kloster den Umgang mit älteren Menschen gelernt hatte und heute einen Job genau in diesem Bereich angeboten bekam.

Philipp hat sich damals für die Firmung entschieden. Es war seine Entscheidung, die er ganz allein für sich getroffen hat. Er holte keinen Rat in der Schule ein, auch nicht bei seinen Freunden und auch nicht bei seinen Eltern. Er kann heute sagen, dass er ganz allein entschieden hat, zu Jesus „Ja" zu sagen. Und auf dieser Grundlage baut sein starker Glaube auf.

✿✿✿

Meine Interview-Reise geht zu Ende. Und mit dem Ende der Reise erfahre ich, dass eine zweite Taufe nicht in jeder Konfession gern gesehen ist.

Ich kann dazu sagen, dass Jesus mir vorgelebt hat, dass Religion für den Menschen da ist und nicht der Mensch für die Religion. Jesus wollte keinen neuen Wein in alten Schläuchen. Wir dürfen heute neue Traditionen erschaffen.

Schon ein einziger Mensch kann in seiner Gemeinde neues Leben entfachen.

Wenn jemand mich bei dieser Reise zu Menschen, die mir ihre Erfahrungen mit der Taufe anvertraut haben, begleitet hätte, hätte er gesehen, welchen Glow und Vibe die Menschen ausstrahlen, denen ich begegnet bin. Schon ein einziger Mensch kann in seiner Gemeinde neues Leben auslösen und ein Neubeginn für die ganze Gemeinde sein. Wir brauchen neue Anfänge, und die Taufe ist definitiv ein Neuanfang. Mir ist lieber, jemand entscheidet sich zu einer zweiten Taufe, als er entscheidet sich gar nicht dafür.

Ich bin überwältigt von Ela, Lena, Jamina und Philipp und froh, dass sie ihre Geschichten mit uns geteilt haben.

Ich kann nicht sagen, dass der Trend zur Zweittaufe geht, aber ich höre aus weiteren Gemeinden von zweiten Taufen. Die, die sich zu diesem Schritt entschließen, sind alles Menschen, die laut vor der Welt, der Gemeinde und sich selbst „Ja" sagen zu Jesus. Wir brauchen mehr davon!

Zwischenbilanz

Ich spüre meine neue Freiheit

Es ist Ende Juli, und ich liege auf einem großen Strohballen. Der Wind haucht über meinen Bauch, und ich bekomme Gänsehaut. Gänsehaut, Wind – einen Hauch empfinde ich als den Atem Gottes. Mir fällt heute auf, wie sehr sich meine Wahrnehmung seit der Taufe und seitdem ich mich mit der Bibel beschäftige geändert hat. Immer mehr zieht es mich in die Schöpfung Gottes. Schöpfung Gottes, so hätte ich die Natur früher nie bezeichnet, es hätte sich für mich irgendwie altertümlich angehört. Aber heute muss ich es genau so nennen, denn ich kann der Natur quasi zuschauen, ja, es ist ein Privileg für mich, ihr dabei zuzuschauen, wie sie aus der Fülle entsteht.

Gott erschafft nichts aus einem Mangel, er ist die Fülle. Das gilt auch für uns Menschen. Er gibt uns einen Strauß an Talenten und Gaben. Wir sind die pure Fülle. Leider konnte ich das bisher nicht immer so sehen.

Vor mir ragt eine hohe alte Eiche in den Himmel, deren Früchte noch ganz klein sind. Daneben steht eine große Trauerweide, die sich im Wind bewegt, darunter eine Bank. Die Brombeeren sind noch ganz grün, die Mirabellen noch sauer, die Äpfel an den Bäumen noch winzig. „Alles hat seine Zeit, bis es reif wird", denke ich. Und dann fällt es von selbst vom Stamm.

Mir wird klar, dass ich mein ganzes Leben nicht so hätte anpacken müssen, wie ich es getan habe: nicht mit diesem

Perfektionismus oder der umfassenden Planung aller Details und der Überforderung meiner Kräfte, um mir den erwünschten Erfolg zu garantieren.

**Ich muss mich nicht abstrampeln,
um von Gott beschenkt zu werden.**

Ich hätte auch ohne diese verkrampfte Anstrengung diesen Punkt erreicht, wenn ich aus dem Vollen geschöpft hätte. Aus dem, was Gott mir jeden Tag zur Verfügung stellt. Ich muss mich nicht abstrampeln, um von Gott reich beschenkt zu werden, sondern ich kann mich gelassen zurücklehnen, weil ich weiß, dass er mich beschenken wird.

Früher wäre ich an einem Tag wie diesem wahrscheinlich shoppen gegangen. Heute zieht es mich in Gottes Stille. Geheilt bin ich dadurch. Ich denke, wie viel größer Gott doch ist als ich. Ich denke an die Menschen, die mir bisher Bauchschmerzen verursacht haben. Warum habe ich ihnen so große Macht über mein Leben gegeben, wenn Gott doch der Einzige ist, der Macht hat?

Frei fühle ich mich. Ich breite meine Arme nach links und rechts aus. Ich liege so auf dem Strohballen, wie Jesus am Kreuz hängt. Und ich fühle, wie unglaublich gut es sich anfühlt, frei von der Welt zu sein.

Das ist es, was er uns sagen wollte. Wir sind frei von allem Schmerz. Er hat alles auf sich genommen, damit wir frei sein können. Warum habe ich das nicht eher gewusst? Vielleicht ist jetzt erst meine Zeit.

Vielleicht musste ich erst heranreifen und gewisse Erfahrungen in der Welt machen. In die Räume und Schluchten, die mir in meinem Leben am tiefsten vorkamen, ist Gott eingezogen. Der Heilige Geist ist jetzt spürbar, der mich täglich lenkt. Ich habe verstanden, Gottes tröstende Stimme zu hören und mich heilen zu lassen.

Der Punkt ist, dass ich jetzt erst offen dafür war. Gott hat mir schon immer Zeichen und Einladungen geschickt. Eine Einladung sehe ich, als ich nach unten schaue. Eden, meine Hündin. Sie ist schwarz und ein Bulldoggen-Mischling. Sie kam zu mir, als ich an einem absoluten Tiefpunkt in meinem Leben war; sie ist jetzt drei. Als ich sie sah, nahm ich sie in den Arm. Sie war die Kleinste aus dem Wurf. Ich dachte, dass Eden ein komischer Name ist. Heute lache ich darüber, wie früh Gott mir schon Zeichen geschickt hat und wie blind ich war.

Jeden Sommer lief ich hier durch die Streuobstwiesen, und jeden Sommer erinnerte ich mich daran, dass ich als Kind mit Freunden immer auf die Strohballen geklettert bin. Wir legten uns hin und sogen die Wärme in uns auf. Und auch heute absorbiere ich die Wärme, und mir wird bewusst, wie viel Kraft das Licht hat. Und ich ebenfalls.

Heute hatte ich mich getraut, auf den Ballen zu klettern, mitten an einem Montagmittag, wo eine mittlerweile 35-Jährige an ihrem Schreibtisch zu sitzen hätte. Und ich nahm Gottes Schöpfung und die Freiheit von Jesus wahr. Ich überlegte, wie viele neue Freunde ich gewonnen hatte.

Ich hätte mein ganzes Leben lang schon viel relaxter sein können, wenn ich Gott vertraut hätte. Mit Jesus zog die Liebe wieder in mein Leben ein.

Jesus will unser Leben mit uns aufbauen. Jesus hat mir gezeigt, wie man betet. Der Heilige Geist lenkt mich jeden Tag, wenn ich es zulasse. Zulassen heißt oft, alle Pläne, die ich gemacht habe, über Bord zu werfen, mit Jesus im Boot zu sitzen und ihn zu fragen: „Und jetzt? Wo fahren wir hin?“

Seit ich getauft bin, frage ich immer mehr: „Wo kann ich helfen?“ Statt: „Was kann ich besitzen?“ oder: „Was habe ich davon?“ Hey, klar, ich bin nicht perfekt, aber ich werde besser. Mein Leben erfährt mehr Standfestigkeit, Stabilität und Halt, seit ich Gott, Jesus und den Heiligen Geist eingeladen habe.

Nur an Jesus kann ich mich klammern. In Gottes Augen sind wir alle gleich und alle Schwestern und Brüder. Und weil ich das wusste, konnte ich auch so ein offenes Buch schreiben. Was sollte ich verstecken, warum mich anders darstellen, als ich bin? Gott will mich doch so, wie ich bin. Wieso es kompliziert machen? Warum nicht ehrlich sein?

Warum nicht einfach mal in die Welt schreien: „Ich weiß es nicht!“?

Ich bin sicher keine Parade-Katholikin, aber ich weiß, dass ich mich nicht in Schubladen stecken muss. Ich bin einfach nur Aline. Klar, ich habe etwas studiert und mir Fähigkeiten angeeignet, aber bei den meisten Fertigkeiten muss ich mich auf den Heiligen Geist verlassen, denn für die meisten Situationen habe ich keine konkrete Lösung. Dann muss ich für eine Lösung beten und um Hilfe bitten. Warum nicht diese Menschlichkeit zugeben?

Wäre es nicht schöner, wenn jemand mal sagen würde: „Ich habe keine Lösung, aber gemeinsam werden wir es schaffen“, statt eine Fassade aufzusetzen, die alles schlimmer macht? Warum nicht mal laut in die Welt schreien: „Ich weiß es nicht!“?

Wow, was für eine Reise, bis ich das verstanden habe!

Was mich an der Kirche begeistert

Ich finde einen Platz, an dem ich meinen Beitrag leisten kann

Ja, ich habe bereits eine lange spirituelle Reise hinter mir. Von dem Zeitpunkt an, als mein Vater starb, habe ich zwar nicht mehr an das Leben geglaubt. Aber ich habe nicht aufgehört, etwas Höheres zu suchen. Obwohl ich wütend war auf Gott. Ich habe überall reingeschnuppert. Ich habe viel gefragt. Ich habe viele Bücher gelesen. Aber kein Buch gab mir je so viel Klarheit wie die Bibel.

Und jetzt im Rückblick kann ich sagen: Ich habe Gott gesucht. Jeden Tag. Ich habe einen Vater gesucht, der mich liebt, über alle Grenzen hinweg. Einen Gott, der bei mir ist und der mich sieht. Mich, so wie ich bin. Ich denke, dieses Gesehen-Werden war es, was ich all die Jahre gesucht habe. Als ich Gott gespürt und gefühlt habe, habe ich wieder angefangen zu glauben. Aber nicht an die Welt, sondern an ihn und das ewige Leben danach.

Bei jedem anderen Glauben, den ich erkundet habe, habe ich mich gefragt: *Wie passt dieser Glaube in meinen Alltag?*

Ich war in Thailand, ich hörte von Schweigeseminaren, ich habe mich einem Yogastudio angeschlossen, Seminare belegt und Zertifikate erworben. Aber nach dem Kurs saß ich immer wieder allein im Alltag. Neue Rituale konnte ich schwer einbauen, weil ihnen einfach die Luft ausgeht, wenn niemand mehr da war, der sie im Alltag mit mir *teilt*. Denn eine Begleitung in der Alltagssituation gibt es nach keinem Seminar. Das Erlebnis wird zu einer Erinnerung, die verblasst und sich schlecht wiederbeleben lässt. Die Menschen, die ich dort kennengelernt habe, sind weit weg. Ich bin auf Facebook, via Instagram oder per E-Mail mit ihnen verbunden, und mittlerweile habe ich Freunde auf der ganzen Welt, aber was nutzen diese Menschen mir im Alltag?

Was ich all die Jahre gesucht habe, war: Gesehen zu werden. So wie ich bin.

Viele Menschen sagen ja, dass sie an Gott glauben. Aber eine Kirche bräuchten sie dazu nicht. Für mich macht meine Gemeinde meinen Glauben alltagstauglich.

Ich hätte ja rein theoretisch nicht den Entschluss fassen müssen, mich taufen zu lassen und damit auch in die Institution Kirche einzutreten. Ich muss vorweg ehrlich sagen, dass ich diese Kirche, also meine Gemeinde, nach meinem Bauchgefühl ausgesucht habe bzw. mich habe leiten lassen. Vor allem habe ich geschaut, ob diese Kirche in meinen Alltag passt. Ich habe mich nicht mit ihrer Geschichte im Detail befasst, und ich möchte auch kein Beispiel für eine radikale Kirchgängerin sein. Ich bin einfach nur eine junge Frau aus der Nachbarschaft, die Halt in ihrem Leben sucht. Und Gemeinschaft. Und das habe ich in meiner Kirchengemeinde wirklich gefunden. Ich habe hier einen Ort gefunden, an dem ich erkannt bin. An dem ich mitgestalten kann. An dem mein Beitrag gefragt ist. Auch im Alltag. Und mit 34 Jahren war ich auch an einem Punkt, an dem ich dachte, dass es Zeit sei, etwas zurückzugeben.

Meine erste Erfahrung mit einem Ehrenamt habe ich mit 23 in einem Altersheim gemacht. Ich habe es nach der Arbeit gemacht, aber nach und nach sind alle Helferinnen weggebrochen. Das Commitment hat ganz einfach gefehlt, und am Ende stand ich mit dem Projekt allein da. Wir hatten uns vorgenommen, einmal in der Woche mit den älteren Herrschaften Bingo zu spielen. Es war erfolgreich, und es kamen immer mehr ältere Leute dazu. Sie riefen hin und her „Bingo", weil sie die Gummibärchen-Tüten gewinnen wollten, die ich zu verschenken hatte! Es war super süß. Aber allein konnte ich es nicht aufrechterhalten und musste diese Aktivität beenden.

Danach bin ich in einen Verein mit Charity-Projekten gegangen. Hier hatte ich das Gefühl, dass es bei den Vorträgen eher um Selbstdarstellung ging als um die Sache.

Ich habe auch immer wieder mal weitere Einsätze gemacht und habe in der Nachbarschaft geholfen, aber es hat mein Herz nicht ausgefüllt oder berührt. Meist fühlte ich mich allein mit diesem „Helfenwollen".

Auch meine zahlreichen (sportlichen) Aktivitäten wie Leistungsschwimmen, Marathon laufen, joggen, reisen, stricken, malen, haben mich innerlich nie so sehr ausgefüllt, wie anderen Menschen zu helfen.

Es hat über zehn Jahre gedauert, bis ich sagen konnte: Hier ist mein Einsatz gut und richtig! Und das ist in meiner Kirchengemeinde. Vor allem denke ich, dass ich mich auch auf lange Sicht hier gut einbringen kann – in dem Maß, in dem ich Zeit und Lust habe.

Ich kann in der Kirchenredaktion Artikel schreiben. Sonntags unterhalte ich mich mit älteren Frauen, die fast nicht mehr vor die Tür gehen, außer zum Gottesdienst.

Ich verteile auch Pfarrbriefe, und das ist superlustig! Es wurde jemand für einen Ort gesucht, und niemand hat so richtig mit der Sprache herausgerückt, warum für diesen Ort niemand gefunden wurde. Ich bin also losgezogen. Mit einem Pack schön gedruckter Briefe und meinem Navi. Leider hat es mir dort überhaupt nichts geholfen! Und ich sah auch, warum! Es war ein bergiger, steil nach oben laufender Ort, es lebten vor allem ältere Leute dort! Und die konnten sich die Hausnummern auch nicht merken und schickten mich kreuz und quer durch den Ort! Am nächsten Tag musste ich meinen Mann um Hilfe bitten, damit ich überhaupt fertig wurde! Danach haben wir so gelacht!

Meinem Kopf hat das so gutgetan! Ich war für zwei Tage in einer völlig anderen Welt! Ich habe mit Ziegen geschmust und viele neue Menschen am Wegrand kennengelernt!

Das war ziemlich am Anfang. Kurz vor Weihnachten habe ich wieder meine Pfarrbriefe ausgetragen. Jetzt zum dritten Mal. Ich bin ehrlich, inzwischen habe ich damit innerlich gekämpft. Zuerst dachte ich, wir könnten die „Dinger" einfach per E-Mail verteilen. Danach überlegte ich, sie mit der Post zu schicken. Zum Schluss habe ich Wut bekommen, weil ich dachte, dass ich sie austeile und sie keiner liest. Also habe ich beschlossen, an den Hauseingängen zu klingeln. Wenn jemand aufgemacht hat, habe ich gesagt: „Hi, ich bin Aline, und ich bringe dir viermal im Jahr deinen Pfarrbrief. Und jetzt mal unter uns: Liest du die Dinger auch? Es wäre doch nur schwer zu verkraften, wenn ich sie austeile und sie keiner liest!"

Was für schöne Gespräche ich im Anschluss hatte! Meine Ehrlichkeit schien mir die Türen zu öffnen!

Ich hatte ein sehr hitziges Gespräch mit einem älteren

Herrn, der mal seinen ganzen Frust über die Kirche loswerden musste. Er sagte mir, dass er die Briefe auf keinen Fall lesen würde! Am Ende unseres Gespräches sagte er ganz knapp: „Du darfst mir trotzdem wieder einen bringen, und du darfst auch wieder klingeln."

Dann klingelte ich bei einer 40-jährigen Frau. Sie erzählte mir von ihrer Leidenschaft für den Mond und von ihren Frauenzirkeln. Am Ende des Gespräches sagte sie: „Wie war noch mal dein Name? Kann ich nach dir fragen, wenn ich wieder in den Gottesdienst gehe?"

Am Ende war mein Fazit: Die Menschen bekommen gerne ihren Pfarrbrief, und irgendwas löst er in ihnen aus. Manchmal Wut, manchmal ein vertrautes Gefühl, manchmal ein schlechtes Gewissen, manchmal die Sehnsucht nach Gemeinschaft. Aber – und das habe ich festgestellt – er löst eben etwas aus! Und das ist das Wertvolle! Wir dürfen uns nicht zurückziehen!

In der Kirche sitzen Menschen.
Es ist nicht „DIE" Kirche.

Was mir noch aufgefallen ist, ist, wie viele Christen in diesem Ort leben! In dem Ort wohnen 612 Einwohner, und ich habe fast 100 Briefe ausgeteilt. Anhand der Häuser sehe ich, dass alles vertreten ist. Familien, ältere Herrschaften, Leute, die viel verreisen, Außendienstmitarbeiter, Universitätsmitarbeiter. Und was ich oft an den Briefkästen lese, ist, dass sie die aktuelle Tageszeitung beziehen. Wenn sie diese Zeitung lesen, dann bekommen sie oft genug negative Schlagzeilen zu lesen. Wir dürfen uns also aus den Briefkästen nicht zurückziehen!

Dieses Mal habe ich einen eigenen Artikel über die Erwachsenentaufe für den Pfarrbrief geschrieben, und danach habe ich die Pfarrbriefe gepimpt! Also aufgemotzt! Ich habe zu Weihnachten Teebeutel mit einer schönen Message angeheftet und einen persönlichen Gruß aufgeklebt. So machen es doch die großen Zeitschriften auch. Wenn eins klar ist, dann dies: Die Leute in dem Ort wissen jetzt von wem der Brief kommt!

Mich fahren solche Aktionen ehrlich gesagt richtig runter. Ich bin Betriebswirtin, habe etliche Zertifikate und Ausbildungen – aber in meiner Gemeinde bin ich nur das „Mädsche". Ich kann völlig vom Alltag abschalten und denke für zwei Stunden an nichts anderes.

❁❁❁

Vielleicht kannst du verstehen, was mir die Gemeinschaft in der Kirche gibt! Es sind die kleinen Dinge, mit denen ich etwas verändern und helfen kann!

Diese Gemeinde ist fürsorglich und liebevoll, und wir treffen uns alle zum Gottesdienst. Ich finde viele gutherzige Menschen neben meiner Ehe und meinem Job. Ich lerne ständig neue Menschen aus meiner nächsten Umgebung kennen!

Für mich vereint die Kirche vieles, was mir guttut: Rituale, Predigten, die mein Herz berühren, Miteinander, Ehrenämter – und die Liebe zu Gott, die uns alle verbindet.

Weißt du, in der Kirche sitzen *Menschen*. Es ist nicht „DIE" Kirche. Wenn wir 100 Personen fragen, welche Erfahrungen sie mit der Kirche gemacht haben, bekommen wir 100 verschiedene, individuelle Storys zu hören. Meine Geschichte ist nur eine davon.

Ich habe dem Pfarrer mit der ersten Predigt, die ich gehört habe, eine Chance gegeben. Und ich wurde nicht enttäuscht, sondern erlöst und beschenkt damit, dass ich so viele Menschen kennenlernen durfte. Ich freue mich von Herzen, dass ich nicht enttäuscht wurde.

Wichtig ist doch: Wir sollten immer offen bleiben für neue Erfahrungen. Egal, was die anderen sagen oder die Medien verbreiten.

Mein Tipp für dich: Mach dir ein eigenes Bild über die Kirchengemeinde in deiner Umgebung oder von einer Gemeinde und Kirche, die vielleicht weiter entfernt ist, aber dich interessiert (geschichtlich, historisch, menschlich, architektonisch etc.) Sprich mit dem Pfarrer. Du bist klug, du wirst dir *deine* richtige Meinung bilden. Lass dir keine Meinungen vorsetzen. Sonst verpasst du vielleicht einen der schönsten Momente deines Lebens.

Advent

Ich spüre die Vorfreude auf Jesus

Die Vorweihnachtszeit habe ich in diesem Jahr anders wahrgenommen als all die Jahre davor. Dieses Jahr hat mich Vorfreude durch den Advent geleitet. Es war aber nicht die Vorfreude auf das gute Essen und meine Geschenke, sondern die Vorfreude auf die Geburt von Jesus. Es ist ganz schön komisch, das so zu Protokoll zu geben, aber es ist wirklich so. Ich bin unglaublich froh, dass Jesus geboren wurde und Gott mir damit gezeigt hat, dass es ihn wirklich gibt.

Nun ist es zugegebenermaßen schwierig, sich auf jemanden zu freuen, den man am Tag aller Tage nicht in den Arm schließen und sehen kann. Ich denke dabei aber an die Freundschaft mit Karin. Karin und ich gingen gemeinsam zur Schule. Nach dem Abitur ist sie in die USA gezogen. Mittlerweile ist sie dort eine erfolgreiche Opernsängerin. Wir sehen uns nur alle paar Jahre. Aber trotzdem ist die Zeit des Aufeinander-Wartens nie von Traurigkeit geprägt, sondern immer von Vorfreude. Wir können uns nicht sehen und nicht umarmen, aber wir wissen, dass es uns gibt, und haben Rituale gefunden, um uns gegenseitig auf dem Laufenden zu halten. Ich nenne es Freundschaft auf Distanz.

Und habe ich nicht auch mit Jesus eine Freundschaft auf Distanz, wenn ich es räumlich betrachte? Er hat seine Wohnung nicht hier auf der Erde. Seine Wohnung ist eben im Himmel.

Aber die Vorfreude, ihn zu sehen, ist dennoch riesengroß. Er kennt mich. Er sieht mich. Er freut sich mit mir, und er ist auch in schweren Zeiten an meiner Seite.

Es ist ziemlich schön, Freunde zu haben, wenn es mir gut geht, aber in den schlechten Zeiten ist so ein Begleiter viel wert, der einfach zuhört und nicht richtet. Jesus und ich haben mittlerweile auch eigene Kommunikationsrituale entwickelt. Wir trinken eine Tasse Tee zusammen, sind kreativ zusammen, machen Bible Journaling zusammen und sind den ganzen Tag im geistigen Austausch. Er erneuert meine traurigen Gedanken durch Gedanken der Liebe. So macht es meine Freundin Karin auch!

Mit dieser Vorfreude auf Jesus habe ich nun den Advent begonnen. Ich möchte ihn feiern und in meinem Leben willkommen heißen. Er soll an Weihachten die Hauptperson sein, nicht ich. Ich denke, dass das eine wertvolle Gedankenverschiebung ist. Wenn nicht ich selbst die Hauptperson an Weihnachten bin, sondern Jesus, bekommt das gesamte Weihnachtsfest eine neue Bedeutung. Das „Ich" steht für Nehmen, und Jesus steht für „Geben". Wenn ich meinen Blick auf Jesus richte, kann ich mich fragen, was ich tun soll und wohin ich an Weihnachten gehen soll. Ich kann ihn fragen, wo mein Einsatz gefragt ist oder auch meine Hilfe.

Das Beste an diesem Advent sind die Rituale. Ich gebe zu, dass ich jahrelang keine Adventsrituale hatte. Ich habe die komplette Vorweihnachtszeit bis zur letzten Minute gearbeitet und mich an Weihnachten an den festlich gedeckten Tisch gesetzt. Auch wenn wenig Zeit ist, so sind es dieses Jahr die Gottesdienste gewesen, die die Rituale in meinen Advent gebracht haben. Und das Anzünden der Kerzen am Adventskranz in der Kirche. Jede Woche eine mehr. Das hat das Fest in kleinen Schritten eingeleitet. Ich habe diese Weihnachtszeit stärker genießen können. Ich habe sie bewusster wahrgenommen und eine Vorfreude entwickelt.

Jesus ist nicht etepetete. Ich glaube, er war ein richtig krasser Typ.

Ich finde die Weihnachtsgeschichte richtig cool. Sie ist total modern. Jesus ist nicht etepetete. Ich glaube, er war ein richtiger krasser Typ. Ich bin stolz, dass er mein Freund ist. Er hat sich in der Welt durchgeschlagen und hatte manchmal nicht mal Sandalen an den Füßen. Er hatte kein Geld, er konnte sich seinen Status nicht kaufen. Das heißt auch, dass er sich keine Freunde kaufen konnten. Seine Jünger sind ihm gefolgt, weil Jesus Grips hatte, keine Kohle. Er hat sie nicht überredet mitzukommen, er hat sie auch nicht gebraucht oder um ihre Hilfe gebettelt. Er wäre auch allein durch alle Dörfer gereist, weil er wusste, dass sein Auftrag wahr ist und er die Vollmacht von Gott hatte.

Und wie cool ist das für mich bitte? Ich kann also meinen Auftrag hier auf der Erde erfüllen und, solange ich mir Gottes Willen bewusst bin, kann ich meinen Auftrag ausführen, ohne andere anbetteln oder überzeugen zu müssen.

Jesus konnte im Sturm schlafen. Jesus hatte die Ruhe weg, obwohl er verfolgt wurde. Wenn ich aus der Tür gehe und einen Termin habe mit jemandem, der nervt, dann denke ich daran, dass Jesus ihn voller Mitgefühl angelächelt hätte. Ich meine: Jesus hat das Kreuz überwunden und mir damit gezeigt, dass ich auch die Welt überwinden kann. Ich bin ein himmlisches Kind.

Ich bin so froh, dass es die Bibel gibt, die von Jesus berichtet. Wenn's mir nicht gut geht, nehme ich sie zur Hand und sehe, dass Jesus ähnliche Katastrophen erlebt hat. Jesus hat immer einen Rat für mich. Und das ist ein großes Wunder für mich, denn 34 Jahre lang hatte ich keine Bibel, die mich getröstet hätte. Diese Vorfreude auf Jesus trotz unserer Fernbeziehung, so möchte ich es nennen, werde ich mir nie mehr nehmen lassen. Jesus schenkt mir eine Weihnachtszeit, die ganz, ganz viel Erfüllung in sich trägt.

Weihnachten

Ich rocke mit Jesus das Fest

Ich steige aus dem Auto aus, es ist kurz vor 15 Uhr am Heiligen Abend. Gleich geht das Krippenspiel los. Als ich auf meinen Rücksitz schaue, sehe ich dort die Dezemberausgabe der „Cosmopolitan" liegen. Der Titel lautet: „Ich gönn' mir! Belohnen Sie sich jetzt: Mit herrlich egoistischen Me-Time-Ideen und 99 total egoistischen Geschenken". „Ehrlich jetzt?", denke ich. „Ich werde mein Abonnement nun endgültig beenden!"

Obwohl ich vor meiner Taufe kein christliches Weihnachtsfest gefeiert habe, ist mir klar, dass es an Weihnachten nicht um Zeit mit mir selbst und egoistische Geschenke geht. Ich muss aber zugeben, dass es sich bis jetzt hauptsächlich um Geschenke gedreht hat. Mal ehrlich, was hätten mein Mann und ich ohne das Krippenspiel und den Gottesdienst heute gemacht? Gut gegessen, Geschenke ausgepackt, und dann ab auf die Couch.

Jetzt nehme ich mir vor, statt der *Cosmopolitan* die *Lydia* zu abonnieren. Und die *Sis*. Die *Sis* ist so was wie die *Bravo* für christliche Teenies. Eine Zeitschrift, aus der ich als Anfängerin viel gelernt habe.

Die *Lydia* titelt aktuell: „Mut zur Freundschaft". Das gefällt mir schon viel besser., als „Ich gönn' mir!" Heute feiere ich auch Freundschaft. Mit Jesus. Ich würde sagen, dass Jesus ein Freund von mir geworden ist. Früher dachte ich, dass Jesus nicht in mein reales Leben passen würde, aber was ist realer als die Liebe? Steht Jesus nicht genau dafür? Früher dachte ich, dass christliche Zeitschriften spießig sind, aber ich habe mich eines Besseren belehren lassen. Ich hatte Vorurteile und bin froh, dass ich sie in den Wind geschlagen und mir meine eigene Meinung gebildet habe.

Früher dachte ich, dass Jesus nicht in mein reales Leben passen würde. Aber was ist realer als die Liebe?

Weihnachten ist ein traditionelles Fest. Ich bin für alle Gottesdienste an den Festtagen und zu Silvester angemeldet. Ich habe zu Weihachten eigene Traditionen: Kränze selbst binden, Stollen backen, den Weihnachtsstern aufhängen, Schwibbögen aus dem Erzgebirge aufstellen, Schal und Mützen stricken, Laternen und Lichter selbst gestalten, Gans essen, den Weihnachtsbaum aufstellen, einen Weihnachtspullover anziehen, Merry-Christmas-Ohrringe tragen, einen Adventskalender für meinen Mann selbst basteln, Plätzchen für die Arbeitskollegen backen, *Harry Potter* lesen, *König der Löwen*, *Mary Poppins* und *Marvel*-Filme schauen.

Ich bin dieses Jahr fast jeden Sonntag in den Gottesdienst gegangen, außer ich war im Urlaub. Wenn ich eines in allen Gottesdiensten gelernt habe, ist es dies: Nächstenliebe steht immer vor „Me-Time". Wir beten zuerst für andere und dann für uns selbst. Ich habe festgestellt: Es ist easy peasy, etwas für andere und dabei auch für sich selbst zu tun. Das habe ich aus meiner Begegnung mit Betty gelernt.

Betty ist achtzig und mir beim Spazierengehen in der Adventszeit in die Arme gelaufen. Ich würde eher sagen, dass der Heilige Geist uns zusammengeführt hat. Es hat sich herausgestellt, dass sie nur zwei Straßen weiter wohnt, in einer Demenz-WG. Betty ist supergut drauf und katholisch, das erzählte sie mir direkt am Anfang. Das war unser verbindendes Element.

Es hat mich etwas Überwindung gekostet, an ihrem Wohnheim zu klingeln und zu fragen, ob Betty an Weihnachten mit in den Gottesdienst kommen möchte. Dann ging es allerdings sehr schnell, und ihre Tochter sagte zu. Betty kann nicht mehr sagen, was sie gestern gemacht hat, und auch nicht, was sie morgen vorhat, aber durch eine halbe Stunde mit ihr habe ich gelernt, warum die Traditionen in der Kirche so wertvoll sind. Während des Gottesdienstes hat sie alle Lieder ohne Gesangbuch mit einer klaren, schönen Stimme gesungen. Sie hat mit großer Leidenschaft das Glaubensbekenntnis mitgesprochen und das Vaterunser ebenfalls, so laut, dass ich meine eigene Stimme nicht mehr gehört habe. Mit ihren 80 Jahren hat sie sich niedergekniet, vor ihrem Gott gebetet und ihre Hingabe gezeigt. Sie blickte dabei hinüber zum Leuchter mit den Gebetslichtern und sagte, sie wäre zu traurig, um eine Kerze anzuzünden, weil ihr Mann von ihr gegangen sei. Ich hätte Betty mit nichts anderem, mit keinem Geschenk, das käuflich zu erwerben wäre, mehr Freude machen können, als mit ihr in den Gottesdienst zu gehen. Ich habe gemerkt, wie sich ihre jahrelange Verbindung zur Kirche auszahlt. Sie fühlt sich dort wohl, weil sie alles kennt.

Es hört sich nach einer Kleinigkeit an, mit jemandem an Weihnachten in den Gottesdienst zu gehen, aber für mich war es keine Kleinigkeit. Ich gebe ein Stück von meinen Weihnachtstagen ab, wenn ich das mache. Aber nachdem ich es getan hatte, wurde mein eigenes Weihnachtsfest erst richtig schön. Ich fühlte, dass ich es mir verdient hatte, nun auch ein schönes Weihnachten zu feiern. Ich war ganz erfüllt, und mein Mann hat es gespürt. Ich war supergut drauf.

Ich habe auch wieder gemerkt, wie sehr ich leben möchte. Ich habe in der Demenz-WG gesehen, wie das Leben enden kann. Es kann jedem so ergehen. Und deswegen schätze ich es umso mehr, dass ich noch viel Lebenszeit vor mir habe, die ich mit Gott gestalten kann. Und dann hoffe ich, dass später einmal bei mir eine junge Frau klingelt und mit mir an Weihnachten in den Gottesdienst geht. Es wäre ein Wunder für mich.

Warum ich mich überhaupt überwunden habe, bei Betty zu klingeln, lag wiederum an Kathrin. Sie ist eine neue gläubige Freundin von mir und arbeitet an der Uni. Sie besucht immer sonntags eine ältere Freundin im Altersheim, obwohl sie zwei Kinder und richtig viel zu tun hat. Es zahlt sich für mich aus, Freunde zu haben, für die Nächstenliebe wichtig ist. Das sprudelt auch zu mir rüber.

✿ ✿ ✿

Zurück zum Gottesdienst. Mich fasziniert die Weihnachtsstory, die Teil der Predigt war! Besser als in jedem Krimi! Jesus hatte keinen leichten Start ins Leben. Seine Eltern wollten sich schon vor seiner Geburt trennen, weil er nicht das richtige Kind von Josef war. Dennoch heiratete Josef dann Maria! Was für ein Zeugnis von großer Menschlichkeit – und noch dazu könnte die Geschichte heutzutage doch gar nicht aktueller sein! Eine Frau bringt ein Kind mit in die Ehe, und das Kind bekommt einen liebevollen Vater! Jesus war der König der Juden und der Sohn Gottes, aber Gott hat ihn nicht in einem Palast zu Welt kommen lassen, sondern in einem Stall. Nicht mal eine Herberge haben sie bekommen! Und trotz allem ging ein Stern nach seiner Geburt auf, und die Heiligen Drei Könige haben ihn gefunden.

Die Weihnachtsstory – besser als jeder Krimi.

Das bedeutet doch für uns alle: Egal, wo wir herkommen, egal, wer uns geboren hat, und egal, wer unsere Eltern waren: Wir können neues Leben entstehen lassen. Es heißt, egal, welche finanziellen Mittel wir haben, wir können auf Gott bauen! Wir gehen unserer Bestimmung nicht nach, weil wir ausreichende finanzielle Mittel haben, sondern wir können unsere Bestimmung im Leben verfolgen, egal, welche Voraussetzungen wir haben.

Ich denke, die Botschaft ist: Gott ist für jeden da. Gott wollte jedes Kind auf diesem Planeten, egal, wie arm es ist. Jeder von uns kann auf Gott setzen, und Gott ist der einzige Weg.

Wenn wir getauft werden, wissen wir also eines: Den Himmel auf Erden gibt es nicht. Leid ist überall da. Und Jesus ist dieser Mitleidende, der uns niemals von der Seite weicht, auch wenn keiner mehr für uns da ist. Und das möchte ich an Weihnachten feiern, denn diesen Jesus hatte ich 34 Jahre nicht. Da habe ich meine Last selbst getragen. Jetzt hat Jesus dafür gesorgt, dass ich meine Last in etwas verwandeln kann, das mich trägt.

Und das ist auch die Botschaft dieses Buches. Jesus teilt seine Geschichte mit mir, damit mir das Leben und das Leid leichter fällt. Damit ich sehe: „Puh, der hat's auch gepackt, dann packe ich es auch." Und ich gebe sein Licht mit diesem Buch, das nichts anderes als ein Zeugnis ist, weiter.

Das Wort „Zeugnis“ habe ich übrigens noch nie so oft benutzt wie in diesem Jahr. Es scheint das Lieblingswort aller Theologen zu sein, direkt nach dem Wort „Sünde“. In 34 Jahren habe ich nicht einmal das Wort Sünde gesagt, und plötzlich höre ich es dauernd. Ich hoffe immer noch, dass ich mir diese theologischen Worte nicht zu sehr angewöhne. Mein Umfeld ruft schon immer am Telefon: „Musst du so oft das Wort Gott sagen?“ Es ist für alle, die mich kennen, ungewöhnlich. Aber es geht nicht anders. Ja, ich muss so oft Gott sagen.

✿✿✿

Die Predigt im Gottesdienst ist jedes Mal eine Gelegenheit, die Worte von Jesus in mein Herz fallen zu lassen, damit sie zu Licht werden. An Weihnachten brauche ich dieses Licht und die Liebe besonders. Denn an Weihnachten habe ich immer Sehnsucht.

Ich habe Sehnsucht nach den Weihnachtsfesten mit meinem Vater. Sehnsucht nach den Weihnachten mit beiden Eltern. Sehnsucht nach den Weihnachtsfesten ganz früher, als noch alle Omas, Opas, Tanten, Onkel und Cousins dabei waren. Durch mehrfache Schicksalsschläge haben sich meine persönlichen Weihnachtsrituale oft plötzlich von einem Jahr zum nächsten verändert. Deswegen ist es wichtig, dass wir eine weltumspannende christliche Kultur haben, auf die jeder Mensch in Not und Trauer zurückgreifen kann. Ich habe zwar meinen Mann, aber ich weiß doch, dass mein Glück jeden Tag am seidenen Faden hängt. Trost, Liebe, Mut, Würde, Hoffnung, Dankbarkeit – das alles lässt sich mit Geld nicht kaufen. Wir brauchen unsere Traditionen. Die Kirche ist an

Weihnachten da. Welchen Ort gibt es sonst, der an Weihnachten seine Türen öffnet?

❁❁❁

Ich habe in der Weihnachtszeit festgestellt, dass es mir wichtig ist, zu beichten, bevor das neue Jahr losgeht. Beichten ist mega. Es zeigt mir, dass ich stärker werden kann. Es hilft bei meinem geistlichen Wachstum. Bei wechselnden Pfarrern fällt es mir schwer zu beichten. Das gebe ich zu. Das ist ein Manko. Aber, fit wie ich bin, schreibe ich jetzt an Weihnachten einen Beichtzettel. Ich schreibe die Dinge, in denen ich besser werden möchte, auf und übergebe sie an Gott.

Beichten ist mega. Es zeigt mir, dass ich stärker werden kann.

Jetzt wäre es natürlich interessant zu wissen, was auf meinem Beichtzettel steht, oder? Zuallererst: „Ich mache meinen Wert nicht abhängig von meiner Produktivität. Ich konsumiere keine Menschen." Das bedeutet: Ich lasse mir Zeit, um zuzuhören, und bin nicht bei jedem Gespräch schon in Gedanken woanders.

Dann folgt: „Ich übe mich in Geduld dort, wo Gott noch keine Antwort hat, weil ich weiß, dass seine Antwort besser sein wird als meine.

Ich übe mich in Vertrauen. Ich nehme keine Meinungen von den Medien an und bilde mir meine Meinungen selbst."

Es hat mir sehr geholfen, meinen Beichtzettel aufzuschreiben. Es ist eine moderne Art der Beichte. Ich hefte den Zettel ab. Nächstes Jahr an Weihnachten werde ich wieder draufschauen und feststellen, was sich verbessert hat.

Dann schreibe ich noch ein eigenes Weihnachtsgebet an Gott. Ich liste alle Menschen auf, für die ich von Herzen bete. Ich bitte Gott um seinen Beistand und um Führung.

Zuletzt schreibe ich noch meinen „Dankbar"-Zettel. Darauf kommen alle Dinge, mit denen Gott mich in diesem Jahr beschenkt hat. Mein Mann. Mein Buchvertrag. Eine wundervolle Lektorin. Besuche in meiner Heimat. Meine zwei gesunden Hunde und die Spaziergänge jeden Tag. Sonnenaufgänge. Mein neu renoviertes Büro. Sonnenschein. Freibäder. Ein wundervoller Tag am See. Frische Luft zum Atmen, wenn ich das Fenster morgens öffne. Meine Taufe. Das Schreiben. Das Beten. Das Atmen. Meine Freunde. Stand-up-Paddeln. Joggen. Das Christentum. Jesus. Der Heilige Geist. Die Liebe, die ich in Gottesdiensten erlebt habe. Freundlichkeit, wenn ich jemand Neues getroffen habe. Menschlichkeit. Meine Nachbarn. Die Gemeinden, die ich besuchen durfte. Frieden und meine neu erworbene Nächstenliebe.

Was mich sonst noch bewegt

Meine Gedanken zu ein paar Themen, die mir wichtig sind

Was ich einem Pfarrer wünsche, und was ich mir von einem Pfarrer wünsche

Als ich an diesen Weihnachtstagen im Gottesdienst sitze, fällt mir auf, dass mittlerweile der vierte Pfarrer dieser Gemeinde vor mir steht. Der erste Pfarrer hat mich getauft. Er wurde versetzt. Über 100 Kilometer weit weg. Der zweite Pfarrer war kurz vor dem Rentenalter und zugegebenermaßen etwas mürrisch, das ist aber kein großes Geheimnis in unserer Gemeinde. Dennoch es gibt eine Predigt von ihm, die ich nie mehr vergesse. Er hat uns nahegebracht, dass Beten für einen Christen wie Atmen ist. Und wie er darüber gesprochen hat, das hat mich umgehauen. Danach stand ein ziemlich junger Pfarrer etwa meines Alters am Altar. Professionell, sachlich, lässig. Er hat jede E-Mail von mir schnell beantwortet. Den nun schon wieder neuen Pfarrer kenne ich noch nicht.

Ich denke, dass ich durch den Pfarrerwechsel eine phänomenale Einsicht gewonnen habe, die ich sonst wahrscheinlich erst in ein paar Jahren gemacht hätte: Es ist nicht wichtig, eine enge Beziehung zum Pfarrer aufzubauen, sondern eine innige Verbindung zu Jesus. Es ist ganz, ganz wichtig, seinen Glauben nicht von einer Person abhängig zu machen, sondern Jesus zu folgen. Ein einzelner Mensch wird nie alle Wünsche, die man an einen Pfarrer hat, erfüllen können. Er wird nie so tief in unser Herz schauen können, wie Jesus es tut. Jesus hat keine Grenzen, er begleitet uns im Alltag. Das schafft ein Pfarrer kaum, auch wenn er sich sicherlich Mühe gibt.

Ich habe mit der Zeit ein tiefes Mitgefühl für die Pfarrer entwickelt. Sie brauchen auch mal ein gutes Wort und ein Lob in dieser Zeit. Ich weiß, dass ich mit diesem Gedanken bestimmt auch auf Kritiker stoße. Doch alle Pfarrer, die ich kennengelernt habe, tun ihr Möglichstes. Sie müssen ausbaden, was andere in ihrer Berufsgruppe verschuldet haben. Nein, egal was passiert, ich werde mich nie gegen die Pfarrer stellen. Ich bin froh, dass sie da sind. So viele Seelen gibt es da draußen, die Seelsorge brauchen. Wie könnte ich ein schlechtes Wort sagen, wenn die Beichte doch meine Seele gesund gemacht hat? Wenn ein Pfarrer für mich da war?

Das heißt nicht, dass ich nicht auch Wünsche an einen Pfarrer hätte. Ich wünsche mir, dass in der Präsenz des Pfarrers Jesus erfahrbar ist. Der Pfarrer muss präsent sein, und in jedem Gottesdienst muss das Wort von Jesus im Vordergrund stehen. Denn: Es gibt nicht mehr so viele Orte, wo ich Jesus treffen kann.

Der Pfarrer ist für mich ein Mittelsmann zwischen Gott und mir. Er muss durchlässig sein für Gottes Liebe. Sein Herz soll voller Liebe sein. Er hat einmal in der Woche die Chance, die Worte von Jesus in mein Herz fallen zu lassen, damit sie zu Licht werden.

Der Pfarrer soll mir helfen, eine gute Beziehung zu Jesus aufzubauen. Ich habe Predigten erlebt, die einen leicht ermahnenden Unterton hatten. Da stellten sich mir nach drei Minuten die Nackenhaare auf. Ich möchte nicht 30 Minuten lang ermahnt werden, dass in fünf Jahren die Kirche nicht mehr da ist! Self-fulfilling prophecy!

Überhaupt, das Ermahnen. Ich hüte mich davor. Ich hüte mich davor, auf alles mit dem Finger zu zeigen, was ich früher gemacht habe, denn es ist mein Leben, und ich liebe mein Leben. Dabei fällt mir eine Party ein, die ich im Sommer dieses Jahres geschmissen habe. Ich hatte eine coole Playlist dafür erstellt. Es wurde 23 Uhr, ich löschte das Licht, machte die Musik laut und nichts passierte. Keiner begann zu tanzen. Alle fanden meine Musik schrecklich! Ich wusste nicht, was ich tun sollte, also rief ich laut: „Was wollt ihr hören?" Es kam zurück: „Vicky Leandros: Ich liebe das Leben." Ich wollte es nicht spielen, aber da keiner tanzte, blieb mir nichts anderes übrig! So ging es die ganze Nacht weiter und ich spielte einen Lieblingssong nach dem anderen. Am Ende lagen sie sich in den Armen, und die Party endete erst früh morgens.

Das ist es, was ich jedem Pfarrer wünsche. Ich wünsche mir für ihn und mich, dass er nicht dort oben am Altar steht und seinen Plan durchzieht, sondern dass er gemeinsam mit der Gemeinde die Melodie findet, nach der alle tanzen wollen.

Was mir der Gottesdienst bedeutet

Der Gottesdienst ist für das Treffen mit Jesus immer meine erste Wahl. Ich habe Freunde, die auf den Gottesdienst verzichten, aber ich sage immer wieder, dass wir die Früchte unseres Bibelstudiums erst im Gottesdienst ernten, wenn wir die Worte von Jesus in der Gemeinschaft erleben. Immer allein zu Hause in der Bibel zu lesen, das ist doch Käse.

Weiterhin lässt sich in jedem Gottesdienst der Frieden

spüren, den Jesus über die Welt bringt. Diesen Frieden erlebe ich in der Welt oft nicht, und deswegen bin ich froh, dass wir dort für Frieden beten.

Zudem ist der Gottesdienst für mich der elementare Weg, um Motivation und Kraft für die nächste Worte zu bekommen. Ich kann dort offen vor Gott stehen – mit all meinen Wunden – und ihn bitten, mich zu erhören. Ich spüre seine Gnade, und ich erkenne in der Gemeinde die Hingabe an Gott. Diese Hingabe zu sehen, hat mein Herz von Beginn an berührt. Wir beschweren uns nicht bei Gott, wir danken ihm. Wir tauschen unsere Unzufriedenheit gegen Dankbarkeit aus. Denn: Wer dankbar ist, kann nicht gleichzeitig unzufrieden sein. Wir wissen, dass Gott uns seine Gnade schenkt, und das erleichtert uns. Wenn wir aus dem Gottesdienst herauskommen, können wir diese Gnade im Alltag weiterverschenken. Der Gottesdienst ist mir wichtig, weil es sonst nicht mehr so viele Orte gibt, wo ich Jesus treffen kann.

Es geht um Jesus

Warum ist es mir so wichtig, das Wunder der Taufe weiterzugeben? Naja, Jesus hat mich erlöst. Und das war ein Geschenk. Ich möchte es weitergeben.

Ich habe in meinem Leben viel Zeit in Krankenhäusern verbracht, und es gibt unendlich viel Leid, das ich kaum tragen könnte. Ich habe mich – egal, wie viel ich gegeben habe – immer ab einem gewissen Punkt hilflos gefühlt. Aber ich weiß, dass Jesus das Leid tragen kann. Viele Menschen wissen aber nichts von ihm oder haben Vorurteile, so wie ich früher. Doch jeder Mensch braucht eine Beziehung zu Jesus. Er braucht eine Bindung zu Gott. Er braucht Vaterliebe. Dann wird er gesund, weil er sich von den Urteilen der Welt nicht mehr abhängig zu machen braucht.

Ich erlebte, dass meine innere Welt jahrelang in Trümmern lag, aber nach außen war ich perfekt gestylt, und niemand sah es mir an. Wir sehen vielen Menschen ihr Leid nicht an. Meine Geschichte ist eine unter vielen. Ich werde nicht müde, das zu sagen. Ich höre jeden Tag von Problemen mit Prüfungsdruck, von Problemen mit dem Chef, Problemen mit Kollegen, Personalmangel und familiären Problemen. Eine stabile Verbindung zu Gott zu entwickeln, das ist die Lösung. Ich dachte jahrelang, neue Handtaschen wären die Lösung. Ich bin einmal an Weihnachten nach Gran Canaria geflogen, weil ich dachte, ich könnte das „Weihnachtsproblem" umgehen. Dort angekommen, fand ich es so gruselig, bei 25 Grad am Strand zu sitzen, dass ich im Hotelzimmer Sissi-Filme geschaut habe.

Wir können versuchen, vor der Liebe und dem Schmerz wegzulaufen, damit es nicht so wehtut, aber es hilft nichts. Wir können unserer Kultur nicht entkommen. Unsere Probleme lösen sich nur auf, wenn wir gerechte Wege gehen und gerecht handeln. Jesus hat uns vorgemacht, dass er selbst in seiner Kreuzigung noch handlungsfähig war und den Hass der Feinde mit seiner Liebe umarmt hat. Den Hass anderer mit meiner Liebe zu umarmen, das habe ich von Jesus gelernt. Weglaufen hilft selten. Hilflos bleiben hilft auch nicht. Handlungsfähig durch Jesus werden, das ist der Weg. Und dafür brauchen wir die Bibel.

Den Hass anderer mit meiner Liebe zu umarmen, das habe ich von Jesus gelernt.

„Ich liebe Jesus" – diesen Post habe ich bei Instagram abgesetzt. Es war für mich die größte Überwindung aller Zeiten. Denn damit bin ich aus der alten Welt abgetaucht. Ich hab gemerkt, dass ich nichts bewege, wenn ich mir Schminktutorials anschaue. Dass ich niemandem helfe, wenn ich vor den Medien sitze, nur zuschaue, darüber rede und mich am Geschwätz beteilige. Ich habe Talente, und ich kann handeln.

Jesus ist für mich ein Familienmitglied geworden. Die Vorstellung finde ich schön. Wenn ich meinen Tag plane, plane ich Zeit mit ihm ein. Ich gehe dann mit ihm spazieren und erzähle ihm alles, was mich bewegt. Auch die ganz kleinen Dinge. Ich bete jeden Tag. Darüber könnte ich ein neues Buch schreiben. Ich frage Jesus morgens: „Was soll ich heute tun?" Damit gebe ich die Kontrolle über mein Leben an Jesus ab.

Das hat sich zuerst angefühlt, als wäre ich ein Freak. Ich war mein ganzes Leben lang stündlich durchgetaktet. Mein Terminplaner war mein Heiligtum. Jetzt ist es die Bibel. Ich plane jeden Tag Zeit mit ihr ein. Wenn ich Entscheidungen treffe, frage ich Jesus vorher.

Das Wunder, das in Jesus liegt, ist simpel: Auf jede meiner Fragen hat er eine liebevolle Antwort und eine neue Perspektive. Das ist der Grund, dass ich keine Last mehr auf meinen Schultern spüre. Ich bin mit mir versöhnt.

Nach meiner Taufe wurde ich oft gefragt, ob ich im Urlaub gewesen wäre, weil mein Gesicht so entspannt war und es immer noch ist. Alle sagten, ich sähe vital und lebendig aus. Das war für mich ein großes Kompliment. Aus meiner Sicht gibt es definitiv den „Taufglow". So etwas wie eine spezielle Ausstrahlung, die von der Erlösung und Freiheit ausgeht, die wir durch die Taufe erfahren. Nicht nur die Reaktionen von anderen auf mich lassen mich das vermuten. Ich selbst bin immer wieder deswegen mit Menschen in Kontakt gekommen, die ebenfalls getauft waren, weil ich bei ihnen diese spezielle „Aura" wahrgenommen habe.

Jesus hat mir eingeschärft, dass da Licht in mir ist und ich über meine Schwächen laut lachen kann. In mir ist wieder dieser Humor eingezogen, den ich auch von meinem Papa kannte. Diesen Humor habe ich in meine Ehe übernommen. Es kann uns ja nichts Schlimmeres passieren als zu sterben! Ich habe keine Angst mehr vor dem Tod, auch nicht vor meinem eigenen. Das gibt mir eine neue Gelassenheit.

Gibt es vielleicht doch so etwas wie den „Taufglow"?

Ich dachte all die Jahre, mein Leben wäre eine Last, bis Gott kam. Bis ich in diesem Gottesdienst saß und mich berufen fühlte. Jesus hat das Augenmerk auf die Schätze in meinem Leben gelegt. Wenn ich zusammenbreche, dann gibt Jesus mir zwei Dinge, die mich wieder aufrichten. Ich liebe Jesus sehr. Und so einen Satz in ein Buch zu schreiben und es in die Welt rauszusenden, von einem Mädchen, das nie von Jesus gehört hatte, das finde ich krass. Ich bin über die Welt, die ich kannte, hinausgewachsen. Und über jeden Menschen, der an mir gezweifelt hat, über den bin ich einfach drübergestiegen und habe mein Ding weitergemacht.

Ich habe natürlich auch schon die Kritiker kennengelernt. Neulich postete ich auf Insta meine neue Erkenntnis: „In der Präsenz von Jesus löst sich jede Last auf." Ich war mächtig stolz, denn das traf ganz genau das, was ich über Jesus gelernt hatte. Da schrieb mir eine Frau, dass sie seit 45 Jahren im Glauben sei und dass sie von solchen Sätzen genug hätte, denn so einfach wäre es nicht. Sie hätte jahrelang in Angst gelebt, obwohl sie Jesus hatte.

Was ich dazu sage? War der Weg von Jesus nicht leidvoll? Er hatte doch kein einfaches Leben! Er ist kein Problemlöser, er schenkt uns nicht den Wohlstand und richtet unser Leben ein. Sondern er lehrt uns, im Leid die Liebe zu erkennen und unsere Würde nicht zu verlieren.

Warum ich Hoffnung für die Kirche habe: Erneuerung findet statt

Die Kirche hat momentan keine gute Presse. Aus verständlichen Gründen. Dennoch habe ich Hoffnung. Denn wir können das ändern.

Klar, ich finde auch nicht alles cool, womit die Presse sich beschäftigt. Ich wünsche mir auch eine Erneuerung der Kirche. Aber wir sind selbst die Erneuerung. Wir müssen nicht warten, bis uns jemand etwas Neues vorsetzt. Wir können diese Dinge selbst in die Hand nehmen.

Bei der Vorbereitung dieses Buches habe ich über 300 Gespräche mit Menschen geführt, die sich taufen lassen wollen, gerade frisch getauft waren oder sich ein zweites Mal haben taufen lassen. Und sie gehen alle in die unterschiedlichsten Gemeinden. Es gibt superjunge Gemeinden mit vielen Konzerten, und es gibt sehr schlichte Gottesdienste. In allen Gesprächen, die ich führte, waren die Wünsche unterschiedlich. Manche wünschten sich Taufen im engsten Kreis, manche an einem See, manche am Taufbecken, andere in einem großen Becken.

Ich lernte Michael kennen, der extra loszog nach Israel, um sich dort ein zweites Mal taufen zu lassen. Manche wünschen sich coolen Lobpreis, andere waren total gegen alles, was

„fancy" ist. Das schließt auch oft das äußere Erscheinungsbild ein. Manche hören auf, sich zu schminken. Manche tragen nur noch Röcke. Manche finden Jesus-Tattoos richtig cool, andere sagen, dass Gott keine Tattoos an uns sehen will. Ich habe sogar Menschen getroffen, die sich gegenseitig am See ohne Pfarrer tauften! Ich lernte Mütter kennen, die ihre erwachsenen Kinder selbst getauft haben.

Wir selbst sind die Erneuerung.

Manche beten lieber im Stillen, andere in der Gemeinschaft. Manche gehen gerne in den Bibelkreis, andere machen Bible Journaling zu Hause. Einige zeigen im Haus ihre Liebe zu Jesus in Postern und Bildern, andere halten es lieber schlicht. Manche lassen sich gern für ihre Entscheidung zur Taufe bejubeln, andere mögen es still. Einige gehen lieber allein in den Gottesdienst, andere mit der ganzen Familie. Ich habe Eltern erlebt, die alle Teenies mit in die Kirche nehmen, und ich habe Eltern erlebt, die es den Teenies freistellen. Ich habe 15-jährige frisch getaufte Mädels kennengelernt, die eine engere Beziehung zu Jesus haben als mancher mit 70, den ich im Gottesdienst getroffen habe.

Das alles zeigt mir, dass Erneuerung gar nichts ist, was man von „oben" organisieren kann. Nein, die Erneuerung kommt aus jedem von uns. Einfach nur, weil wir da sind. Und weil wir so sind, wie wir sind.

Denn: Die Kirche, das sind wir. Nicht als Einzelne, sondern als Gemeinschaft. Aber schon ein einziger Mensch kann vieles in einer Gemeinde verändern.

✿✿✿

Mir ist in diesem Zusammenhang immer das Beispiel von der Brotvermehrung durch Jesus wichtig. Du kannst es nachlesen im Evangelium nach Johannes, Kapitel 6, Verse 5–15. Jesus lehrt seine Jünger. Mittlerweile sind es 5000 an der Zahl, und alle haben Hunger. Es gibt nicht genug Geld und auch nicht genug Proviant. Früher, vielleicht erinnerst du dich, gab es noch nicht an jeder Ecke ein Restaurant oder einen Bäcker, und die Menschen nahmen Proviant von zu Hause mit.

Ein kleiner Junge ging zu Jesus, und er gab ihm alles, was er hatte. Fünf Brote und zwei Fische. Der Punkt ist, er hielt es nicht aus Angst um sich selbst zurück. Er hätte ja auch denken können: Was, wenn alle meinen Proviant essen, was habe ich dann noch?! Er gab Jesus alles, was er hatte, und Jesus sagte allen, dass sie sich ins Gras setzen sollten, um zu speisen. Und alle wurden satt. Sie behielten sogar noch etwas übrig.

Aber wie konnte es zu dieser Brotvermehrung kommen? Das habe ich wirklich erst verstanden, als ich in den Gottesdienst gegangen bin. Es geht hier nicht darum, dass Gott die Macht hat, plötzlich Essen herzustellen und jeden zu sättigen. Nein, es geht um eine ganz andere Macht. Und zwar die Macht, *sein Herz zu öffnen*, zu *teilen* und zu *glauben*.

Der kleine Junge öffnete sein Herz für alle und teilte sein Essen. Er glaubte an Jesus. Und dann, so unser Pfarrer, taten die anderen 5000 Menschen dasselbe. Sie holten alle ihren Proviant heraus und teilten und alle wurden satt. Ihre Intuition sagte, dass sie in einer so großen Menschenmenge lieber nicht zeigen sollten, was sie dabeihatten, denn sie hatten Angst, dass am Ende für sie selbst nichts übrig bliebe. Aber ein Kind ließ sich vom Heiligen Geist leiten und hat damit die ganze Gruppe geheilt.

Dieses Beispiel zeigte mir, dass schon ein Mensch, der in eine neue Gemeinde kommt, viele andere Menschen vor Ort heilen kann. Es gehört nur Mut dazu, das, was man hat, auch wenn es nicht viel ist, nicht zurückzuhalten. Auch wenn wir nicht viel helfen können und wenig Zeit haben, ein kleines Ehrenamt schafft jeder. Ein aufmerksames Wort im Gottesdienst. Einen Dank. Ein Gebet. Einen Geburtstagsgruß. Und vielleicht können wir, als diese einzelne Person, die sich taufen lässt, in der neuen Gemeinde die Brotvermehrung bewirken. Vielleicht wird die Gemeinde fröhlicher, hilfsbereiter, und vielleicht stecken wir andere mit unserer Neugier an. Vielleicht sorgen wir mit unseren Fragen auch mal für Lacher!

Wenn du unter den 5000 Menschen wärst, wer möchtest du dann gern sein? Wärst du dann gern der kleine Junge, der Jesus vertraut? Oder wärst du lieber wie die 4999 anderen?

Ich weiß, wenn du dieses Buch liest, wozu du gehörst. Wenn du eine Gemeinde suchst, dann denke nicht mit deinem Ego. Schau, wo dein Licht wirklich gebraucht wird. Dafür kannst du auch ein Gebet sprechen:

Heiliger Geist,
in welche Gemeinde willst du mich schicken?
Wo werde ich gebraucht?
Mit wem soll ich heute in Kontakt treten?
Mit wem soll ich heute sprechen und warum?
Wo ist mein Einsatz gut und richtig?

Und dann lasse dich von seiner Energie durch den Tag lenken.

Bedenke, dass, wenn es um so eine wichtige Entscheidung geht, Gott immer versucht, dich zu versöhnen, statt in Streit zu geraten. Erspüre die Energie in der neuen Gemeinde. Ich bin ganz sicher, dass du für dich die richtige Gemeinde findest.

✿✿✿

Etwas von diesem Wunder, das Wenige, das wir haben, zu teilen, erlebe ich um mich herum. Nach den Pfarrerwechseln ist mir vor allem eines aufgefallen: Ich brauche gläubige Freunde. Wenn ich meine Beziehung mit Jesus vertiefen will, muss ich schlichtweg darüber reden. Das kann ein Pfarrer gar nicht leisten. Ich hatte zum Beispiel keine christlichen Weihnachtssongs, also hat Kathrin mir ihre Playlist rübergeschoben.

Dann habe ich Paulette kennengelernt. Sie ist genauso alt wie ich und beschreibt bei Insta ihren Weg zur Kirche. Sie war Atheistin. Sie schreibt munter drauf los, dass sie mit Kirchen nichts anfangen konnte, bis sie getauft wurde. Sie hat mein Herz erobert. Ich schiebe ihr alle Infos zu jeglichen Serien und Songs rüber, die mir geholfen haben.

Dann ist da Lukas. Er hat sich mit 23 taufen lassen. Sein Taufvideo hat mich berührt. Er arbeitet im Krankenhaus und fährt extra eine ganze Stunde bis zu seinem Gottesdienst. An Weihnachten hilft er mit, den Gottesdienst zu organisieren. Ich musste so lachen, als ich seinen Pullover mit den Bibel-„Notfallnummern" gesehen habe. Er sagt, dass sich die Leute seinen Pulli in der Bahn abfotografieren. Lukas ist ein Licht!

Dann kommt da Sandra. Sie fährt morgens benachteiligte Kinder zur Schule und leitet ein Klamotten-Verteilzentrum der Kirche. Sie sagt, dass Jesus ihr die Aufgabe gegeben hat, und sie führt sie voller Stolz aus. Im Kern ist Sandra vor allem eine wundervolle Mutter von drei Kids. Sandra schrieb mir, wie sehr sie meine eigene Beziehung zu Jesus inspiriert hat.

Man muss es sich vorstellen: Ich habe 34 Jahre lang nie das Wort Gott oder Jesus in meinem Alltag verwendet. Noch nie!!! Und dann bekomme ich so ein Kompliment!

Lukas hat uns allen zu Weihnachten einen Link rübergeschickt, und wir saßen vor dem Livestream von *Weihnachten neu erleben*. Es war eine wunderbare Aufführung.

Während ich diesen Text schreibe, bekomme ich ein Video von Anna aus Leipzig. Sie ist 16 und hat sich gerade taufen lassen.

Dann ist da Christiane, sie hat mich zum Frühstück eingeladen und vor dem Essen mit mir gebetet. Wäre mir das früher peinlich gewesen, vor dem Essen zu beten! Und das auch noch laut! Das hätte ich früher nie gemacht, aber es tut gut, danke zu sagen.

Gerade jetzt schreibt mir Elea, 22, die bei mir um die Ecke wohnt und einen christlichen Account bei Insta gegründet hat. Wir gehen frühstücken und machen uns Gedanken, wie wir unseren Funken weitergeben können. Wir alle zusammen werden noch viel bewegen. Jeder sollte seinen Glauben öffentlich zeigen. Ich ermutige jeden dazu, seine Geschichte an die örtliche Presse zu schicken, damit wieder mehr Positives in der Presse steht. Ich finde es zudem wichtig, mit Menschen Kontakt zu halten, die keine Christen sind. Wir brauchen Zugang zu der Welt, in der Gott gebraucht wird. Wir dürfen uns nicht abspalten.

Egal, was die Medien über die Kirche sagen: Die Erneuerung findet statt! Und täglich kommen neue, abgefahrene Leute dazu.

Was mein Glaube mir „gebracht" hat

Wenn mich jemand nach meinem Glauben fragt, antworte ich ehrlich: Früher war mir dieses „Gequatsche" um Jesus lästig. Es hat mich abgeschreckt. Ich dachte, alle, die an Jesus glauben, sind oldschool. Ich musste erst 34 werden, um viele Christen zu treffen, die jünger sind als ich und gute Beiträge für Poetry-Slams schreiben. Oder gute Bücher. Aber, und das ist der Punkt, sie lassen es nicht so raushängen. Sie wissen, dass es Gott ist, der durch sie wirkt. Das macht sie demütig.

Meinem jüngeren Ich würde ich sagen:

Seit ich einen Glauben habe, glaube ich viel fester an meine Talente.

Ich lasse mich nicht mehr so leicht aus dem Konzept bringen.

Ich habe einen Zusammenhalt gefunden, den ich so nicht kannte.

Ich habe Freunde, die mit mir feiern, statt gegen mich zu sein.

Das Beste ist: Mit meinem Glauben ist meine Ehe aufgeblüht.

Ich erfahre eine neue Gelassenheit.

Ich rege mich nicht mehr so viel auf, weil ich weiß, dass es „nur" die Welt ist, aber nicht das Himmelreich.

Ich dachte, die Bibel wäre ein dicker Klotz. Aber ich habe erfahren, dass es ein Weltbestseller ist, das hat mich neugierig gemacht.

Mein Mann erkennt mich noch, weil ich dieselbe bin, nur stärker.

Ich habe aufgehört zu klagen und bin dankbarer geworden.

Ich sehe meine Lebenszeit als Gottesgeschenk an.

Ich habe immer noch dieselben Hobbys. Ich habe Tickets für das neue Alicia-Keys-Konzert ergattert. Wenn Adele einen neuen Song rausbringt, der 70 Millionen Mal geklickt wird, dann sind 10 Millionen Klicks von mir. Als ich neulich bei Bibel TV in Hamburg war, bin ich abends ins Harry-Potter-Theater gegangen. Ich weiß, dass es Zauberei neben Gott nicht gibt. Das habe ich zur Kenntnis genommen, und es ist mir egal. Ich habe vor 20 Jahren stundenlang vor dem Buchladen gestanden, um eines der Bücher zu bekommen.

Ich gehe gerne zu Wohnzimmer-Konzerten und habe eine coole neue Worship Band namens *YADA* entdeckt. Ich war dieses Jahr in der Pauluskirche in Darmstadt bei einem Adventskonzert, da wäre ich wohl letztes Jahr noch nicht hingegangen. Ich finde, es darf beides nebeneinander existieren.

Ich habe dieses Jahr einen eigenen Adventskalender mit Psalmen gebastelt und ihn Irene geschenkt. Sie arbeitet bei uns im Pfarrbüro und ist diejenige, die das Licht in unserer Gemeinde hochhält und alle miteinander vernetzt.

Alles in allem lautet mein Fazit:

Seit meiner Taufe habe ich Jesus.
Seit meiner Taufe habe ich mehr Freunde.
Seit meiner Taufe läuft meine Ehe besser.
Seit meiner Taufe lebe ich meine Talente.
Seit meiner Taufe habe ich eine Gemeinde.
Es ist alles besser geworden.

Noch einmal die Taufe

Warum sie mir so am Herzen liegt

Es geht mir sehr zu Herzen, dass die Erwachsenentaufe so wenig Mundpropaganda erfährt. Die Taufe ist ein Sakrament, dass sich aus meiner Sicht von der Bedeutung her sogar noch vor der Ehe einreiht. Es ist so viel hilfreicher, erst Gott und dann seinen Ehepartner zu finden, auch wenn bei mir beides ziemlich gleichzeitig passiert ist. Die Stabilität, die jeder Mensch erfährt, wenn er die Gebote liebevoll für sich nutzt, nützt auch jeder Ehe. Zu jeder Hochzeit gibt es unzählige Fotos im Netz. Über die Taufe – jedenfalls die Taufe von Erwachsenen – gibt es kaum welche. Es wäre krass, wenn jeder die Bilder seiner Taufe mit mir teilen würde. Am besten mit dem Hashtag *#ichbingetauft*, damit wir alle den Hashtag abonnieren können und jeden Tag neue Bilder sehen, die uns allen neues Licht schenken. Dann können wir die „Heimkehrer" bejubeln.

Denn es ist so: Die Taufen werden weniger. Es gibt aber immer noch genug Mitglieder der evangelischen Kirche (20,24 Millionen im Jahr 2020), nahezu ebenso viele in der katholischen Kirche (20,2 Millionen im Jahr 2021), bei denen aus meiner Sicht die Wirkung ihrer Taufe einfach erneuert werden müsste, indem sie dieses Buch lesen. Die Zahlen der katholischen Taufen in Deutschland haben sich innerhalb von knapp 20 Jahren um fast zwei Drittel reduziert: 1991 waren es 299 504 und 2020 104 610 (Quelle: Statista). Das zeigt, dass immer mehr Eltern sich entweder von der Kirche verabschiedet haben oder es ihren Kindern freistellen, sich später taufen zu lassen.

Die Aufklärung über die Erwachsentaufe ist aus meiner Sicht zu gering. Zumindest wenn man nicht von den üblichen Kirchenflyern ausgeht, die zugegebenermaßen manchmal etwas spießig aussehen. Pfarrern oder Pastorinnen schlage ich vor, eine Predigt nur diesem Thema zu widmen. Gerne komme ich dazu. Es würde mich von Herzen freuen, wenn ich bei Insta erkennen würde, wer getauft ist und wer nicht. Immerhin sind über 42 Millionen Menschen in Deutschland getauft. Deswegen habe ich meinen Instagram-Account *„ichbingetauft"* genannt. Wer meine Story teilt, bei dem steht automatisch auch im Account *#ichbingetauft*.

**Es würde mich von Herzen freuen,
wenn ich bei Insta erkennen würde,
wer getauft ist und wer nicht.**

Jeder von uns kann sich überlegen, wie er das Thema präsenter im Alltag unterbringen kann. Es ist doch so: Wir Jesus-Follower stehen für Licht, Liebe und Frieden. Das sollten wir auch nach außen zeigen. Durch die Präsenz von Jesus in unserem Alltag verlieren wir die Last auf unseren Schultern. Dieses Geschenk müssen wir definitiv weitergeben. Wenn wir die Taufe präsenter machen, dann retten wir die Seele anderer Menschen. Es ist dringend. Wenn wir in den Worten von Jesus sprechen würden: Wir haben da draußen noch eine reichliche Ernte.

Wie rede ich mit Menschen über die Taufe?

Wenn ich mit Menschen über die Taufe spreche, fange ich immer mit meiner persönlichen Story an. Ich sage nie, du musst, du sollst oder es wäre besser, dass ... Ich erwähne oft folgende Worte: Freiheit, Dankbarkeit, Liebe, Gnade, Frieden, Licht, Kreativität, Reue, Buße, Neuanfang, Hilfsbereitschaft, Nächstenliebe oder Freundlichkeit, Mitgefühl, Würde, Wachstum, Größe, Vergebung, Versöhnung, Wahrheit, Gegenwart, Gebet, Geben, Hoffnung, Freundschaft, Heiliger Geist, neue Freunde, Gemeinschaft, Ehrenämter, Erfüllung, Himmel, Gott, Gottesdienst, Kirche, Worship, Bücher, Songs, wahres Leben, Ewigkeit. Ich könnte über jedes dieser Worte eine halbe Stunde sprechen. Es lohnt sich, es auszuprobieren.

Auf meiner Website im Pressebereich steht eine Präsentation bereit, die direkt heruntergeladen werden kann. Jeder, der sich mit der Taufe beschäftigt, sollte sie lesen. Denn es bringt nichts, wenn Menschen getauft werden, es aber nicht im richtigen Bewusstsein tun. Das ist ein Verlust. Umkehr ist ein wesentlicher Punkt, den es bei Babytaufen nicht gibt.

Ein Mensch, der getauft ist, ist ein zartes Pflänzchen. Wir müssen alle darauf aufpassen, dass er bei einem kräftigen Wind nicht weggeweht wird. Wir müssen uns um die Umkehrer und ihre Fragen kümmern.

Jesus macht das im Gleichnis vom verlorenen Schaf deutlich (Lukasevangelium, Kapitel 15, Vers 3–7): „Wenn jemand 100 Schafe hätte, und eines davon würde weglaufen und sich in der Wüste verirren, würde er dann nicht die 99 Schafe zurücklassen, um das verlorene zu suchen, bis er es wiedergefunden hätte?“ Weiter sagt er: „Wieder daheim, würde er alle Freunde und Nachbarn zusammenrufen, damit sie sich mit ihm darüber freuen, dass er sein verlorenes Schaf wiedergefunden hat. Genauso ist im Himmel die Freude über einen verlorenen Sünder, der zu Gott zurückkehrt, größer als über 99 andere, die gerecht sind und gar nicht erst vom Weg abirrten!" Jesus bestätigt also: Jeder Erwachsene, der getauft wird, muss gefeiert werden! Mit einer Party und allen Freunden und Nachbarn! Lasst uns also Taufpartys feiern!

Wenn ich eines weiß, dann dies: Ich hätte Jesus gerne eher gehabt. Er hat mich motiviert, mein Talent für dieses Buch zu nutzen. Ich weiß, dass Jesus jedem Menschen, der dafür offen ist, eine Chance gibt, sein Talent zu nutzen. Es ist schwer, nach jedem Sturz wieder aufzustehen und die kindliche, unvoreingenommene Liebe in seinem Herzen zu erhalten. Mir wurde schon oft gesagt, dass ich zu kindlich bin, vielleicht zu liebevoll für diese Welt. Vielleicht auch zu naiv. Dass ich nicht auf jeden zugehen soll, weil ich nicht weiß, was dann passiert.

Das sind alles Sätze von Menschen, die, wie mir scheint, ihr Herz nicht öffnen und in denen der Heilige Geist nicht wirken kann. Eine Erwachsenentaufe lebt davon, dass der Mensch zuerst Kritik an dem Menschen übt, den er täglich im Spiegel sieht. Ein Mensch, der fähig ist, an sich selbst zu arbeiten, wird anderen wertvolle Lektionen weitergeben. Der Mensch, der sich selbst gegenüber Kritik übt, wird sanfter mit anderen sein.

Wenn ich eins weiß, dann dies:
Ich hätte Jesus gerne eher gehabt.

Mein Buch soll dazu beitragen, dass wir ein besseres Feeling für die Menschen bekommen, die Gott suchen, es aber noch nicht wissen. Ich habe junge Frauen getroffen, die enttäuscht waren, dass sie in der katholischen Kirche nichts bewegen können. Ich hoffe, ich kann mit diesem Buch zeigen, dass wir Frauen trotzdem etwas bewegen können. Ich habe den Papst vorher nicht gefragt, ob ich über ein heiliges Sakrament ein Buch schreiben darf, ich habe es einfach gemacht. Jesus interessiert sich nicht für Hierarchien und Institutionen. Wenn jemandem etwas so sehr am Herzen liegt wie mir die Taufe, dann wird er Mittel und Wege finden, um sich dahinterzuklemmen. Ich brauche keine Position in der Kirche, um am Altar stehen zu können. Ich hoffe, dass ich in Gottesdiensten sprechen kann, auch wenn ich keinen Talar anhabe.

Sehe ich Jesus zu simpel?

Vielleicht ist meine Sicht auf Jesus in den Augen anderer „zu einfach gedacht", aber es ist wirklich simpel. Wir haben die Wahl zwischen Angst und Liebe. Jesus' Perspektive ist einfach: Liebe siegt!

Ich habe ein Buch über ein wesentliches, vielleicht das wichtigste Sakrament geschrieben. Ich habe mich noch nie von anderen Meinungen aufhalten lassen, ich habe immer das gemacht, was tief in meinem Herzen verankert war. Und natürlich ist das alles Arbeit! Vor allem Umkehr ist Arbeit! Ein Mensch, der umkehrt, muss mit der Hilfe des Heiligen Geistes sein Leben sortieren, um Vergebung bitten, toxische Verbindungen loslassen und sein Leben ganz neu aufstellen. Das ist ein Weg, der erst mal anstrengend ist, bis sich die Früchte zeigen.

Jesus ist da, um uns durch diese Zeit der Umkehr zu leiten. Er ist die Hoffnung in unserem Herzen, wenn alles darum herum wegbricht. Er ist kein Zauberer. Er kommt nicht als gute

Fee, um unsere Probleme mit einem Fingerschnipsen aufzulösen. Nein, er zeigt uns Lösungsmöglichkeiten auf. Aber gehen müssen wir unseren Weg selbst.

Es gibt oft lange Durchhaltephasen in unserem Leben. Wir müssen erst eine ganze Zeit lang lernen und arbeiten, bis sich Erfolg einstellt. Es kommt natürlich nicht Jesus als kleine Fee in unser Leben mit einem Zauberstab und lässt uns den Erfolg in den Schoß fallen. Er zeigt uns die Wege zum Erfolg. Und unser Erfolg stellt sich ein, wenn wir Jesus und seinem Weg folgen und nicht Kim Kardashian. Der Erfolg eines einzelnen Tages liegt für mich darin, dass ich die Liebe und Menschlichkeit in meinem Tag erkenne und mich daran auflade.

Die Taufe gibt uns Rückhalt

Der Glaube an meine Taufe trägt mich sehr, und dieses Buch ist ein Gottesgeschenk. All meine Leidenschaft und mein Herz stecken darin, und ich möchte meinen Glauben zukünftig immer wieder daran anzünden.

Mein Licht wurde am Tag meiner Taufe am Licht von Jesus entzündet. Ein Kribbeln in meinem Bauch entsteht, wenn ich darüber nachdenke, wie viele Menschen vorher für den Glauben gekämpft haben, damit wir heute leben können. Wenn wir uns nicht mehr taufen lassen, dann erlischt das Licht all derer, die vor uns da waren. Es wäre ungefähr so, als würde ich nicht mehr an meinen Vater denken. Als würde ich ihn in mir auslöschen und verleugnen, dass er gelebt hat.

Aber: Ich spüre seine Stärke, obwohl er lange nicht mehr auf dieser Welt ist. Ich dachte lange, es würde helfen, alle Fotos wegzulegen und ihn in meinem Leben totzuschweigen. Aber hat er mir dafür so viel Liebe gegeben, dass ich diese Liebe jetzt verleugne? Sollte ich diese Liebe nicht nehmen, meinen Motor damit entfachen und etwas Großes daraus machen? So ist es auch mit der Liebe von Jesus. Er hat für uns gekämpft, und wir spüren seine Stärke noch heute. Er ist auch heute für uns da. Wir müssen etwas Großes daraus machen. Wir alle zusammen.

Getauft sein heißt, Teamplayer zu sein. Die Taufe kann der Neuanfang im Leben sein. In den schlimmsten Stunden unseres Lebens können wir auf den Tag der Taufe zurückschauen und alle Zweifel, die wir haben, besiegen. Wir brauchen uns von der Welt keine Selbstzweifel einreden lassen. Wer ein Leben ohne Glauben führt, führt ein Leben im Zweifel. Ich bin froh, dass ich das in der Mitte meines Lebens erkannt habe.

Epilog

Mein Taufdatum ist der 05.04.2021. Es steht wie mein zweiter Geburtstag in meinem Kalender. Ich werde diese Tatsache jedes Jahr feiern! An diesem unscheinbaren Tag im April entstand neues Leben in mir.

Ich habe mir einige Dinge fest vorgenommen:

- Ich halte mein Licht hoch, egal was kommt.
- Ich möchte die Person im Leben anderer sein, die sich hinwendet, statt sich abzuwenden.
- Wenn ich auf einem falschen Weg bin, kehre ich um. Umkehren ist nichts Peinliches. Es ist mutig.
- Meine Entscheidungen treffe ich mit Jesus, bevor es jemand anderes für mich tut.
- Ich gehe mit Würde durch meinen Alltag.
- Ich erkenne göttliche Liebe in anderen Menschen, auch wenn sie sie selbst nicht sehen können.
- Ich ziehe mein Selbstbewusstsein aus Jesus und nicht mehr aus der Welt.
- Ich treffe Gott in der Gegenwart. Ich erhebe mich über die Vergangenheit.
- Ich bin nicht meine Vergangenheit, ich bin nicht mein Körper, ich bin mein Geist.
- Ich trainiere in Zukunft meinen Geist mehr als meinen Körper.
- Ich baue Wissen auf, indem ich das Wort Gottes in der Bibel lese.

- Ich freue mich aufrichtig und wahrhaft über Jesus. Er ist für mich geboren, dank ihm kann ich anderen vergeben, ohne wie ein Opfer auszusehen.
- Ich erkenne Güte, Sanftheit und Liebe in ihm.
- Ich bin stolz auf meine Taufe.
- Ich bin stolz auf meine Werte, die ich einhalte, auch wenn Versuchungen auf mich einprasseln.
- Ich bin stolz, dass ich mich über das Urteil anderer erheben kann, weil ich weiß: Der Frieden ist mehr wert als jeder Streit.

✿✿✿

Der Himmel ist nah. Das Leben ist kostbar. Gott hat mir den Atem eingehaucht. Er wollte mich sehen. Er sieht mich immer noch. Er kennt mein Herz. Er weiß, dass es rein ist. Da ist es doch egal, was andere über mich denken. Schade für jeden, der keinen Glauben hat. Schade für jeden, der das Leid anderer nutzt, um sich selbst zu erhöhen. Ich weiß, dass Gott mich erhöht, wenn ich mich erniedrige. Ich bin auf der Welt, um Gott zu dienen. Ich nutze meine Lebenszeit, um Botschafterin für Jesus zu sein. Ich bin eine Botschafterin des Lichts, des Friedens und der Liebe. Wer die wahre Liebe sucht, wird Jesus finden.

✿✿✿

Für mich war die Taufe definitiv ein Neubeginn in der Mitte meines Lebens.

Und das wünsche ich auch allen anderen. Einen Reset. Werte überprüfen. Die Seele aufräumen. Altes aussortieren und Platz schaffen für eine Erneuerung. Liebe ins Herz einziehen lassen. Den Heiligen Geist einziehen lassen. Die eigene Lebendigkeit wieder spüren und präsent sein. Die Kraft der Worte in der Bibel spüren.

Ich werde mein Bestes geben, meine Leser und Leserinnen weiter zu begleiten. Seid mutig. Vertraut „einfach“. Wir sind alle ein Wunder der Liebe und des Lichts, so wie wir sind.

Und ganz zum Schluss ...

... noch etwas Praktisches

Wenn du dich fragst, ob du dich als Erwachsene(r) taufen lassen möchtest, kannst du schauen, ob du dich im folgenden Text wiedererkennst:

Vielleicht bist du ausgelaugt vom Leben. Du kämpfst, versuchst, Berge zu verschieben. Du hast Zweifel, ob das, was du machst, das Richtige für dich ist. Du versuchst, deinen Weg in der Welt zu finden, und du versuchst, dich selbst zu finden.

Mit jedem Schicksalsschlag verlierst du ein wenig mehr das Vertrauen. Das Vertrauen in dich selbst, in deine Mitmenschen und in Gott. Dieses fröhliche, glückliche, kichernde Kind, das du einmal warst, ist verschwunden. Die Last, die du auf deinen Schultern trägst, ist riesig. Du wünschst dir, nur einmal, ja, nur einmal in deinem Leben richtig frei zu sein. Dass dir alles, was dich niederdrückt, von den Schultern genommen wird.

Du sehnst dich danach, diese unendliche Freude wieder zu fühlen, die früher da war, wenn du am Morgen aufgestanden bist. Das Gefühl zu erleben, dass du angekommen bist. Das Gefühl von Gemeinschaft. Und am allermeisten: das Gefühl von Einssein.

Du versuchst dein ganzes Leben lang, mit anderen Menschen

in Einheit, in Harmonie zu leben. Du versuchst es in deiner Familie, möchtest alle zusammenhalten. Aber immer wieder fühlst du, dass vieles wie eine Bürde auf dir liegt.

Du hörst diese flüsternde innere Stimme in dir. Dein Herz, das laut schreit, dass es nicht so weitergeht. Der Kopf, der dir sagt, dass du dich nicht mehr nach anderen richten kannst. Der Kopf, der grübelt, während du lächelst.

Du hoffst, dass du geliebt wirst. Du hoffst, dass du angenommen bist. Dass du einzigartig bist.

Du möchtest so gerne deine Talente entdecken. Diese einzigartigen Gaben, die dir in die Wiege gelegt wurden. Du möchtest deine Kreativität erforschen. Du hast noch so viel vor. Aber der Mut fehlt dir oft, es gegen das gesamte Umfeld durchzusetzen. Du möchtest das Licht in dir entdecken, andere mit deiner Begeisterung anstecken. Verständnisvoller werden gegenüber den Menschen, die du angeblafft hast.

Du möchtest dich um deine Seele kümmern und sie von Zwängen befreien. Frieden in dir selbst finden, nicht im Außen. Neue Menschen kennenlernen und alte loslassen. Dich endlich trauen. Du möchtest die alten, schlechten Gefühle aus der Vergangenheit hinter dir lassen. Deine alten Fehler. Du suchst nach Menschen, die deiner Seele guttun.

Du möchtest alles loslassen, um frei zu sein. Du fragst dich nur, wie dieses Loslassen vor sich gehen kann. Wie du die Welt neu erkunden kannst. Wie du wieder dieses weiße, unbeschriebene Blatt sein kannst, das neue, freudige Erlebnisse verzeichnet. Aber die Ereignisse, die dich belasten oder sogar traumatisiert haben, kommen jeden Tag wieder vor deinem inneren Auge hoch. Du presst sie weg. Du schiebst sie jeden Tag vor dir her, und trotzdem halten sie dich nachts wach.

Du möchtest dich gerne mit anderen versöhnen, aber oftmals sind die Menschen nicht dazu bereit. Oder derjenige, an den du denken musst, ist tot. Du kannst deinen Verlust einfach nicht verschmerzen, denn du fühlst dich dadurch auch in deiner eigenen Sterblichkeit bestätigt und fragst dich: Was kommt eigentlich nach dem Tod?

Du stellst dir immer öfter diese Frage: Warum bin ich eigentlich auf der Welt? Was sind meine Gaben und Talente? Was kann ich aus mir machen? Wie kann ich mit Begeisterung neue Menschen erreichen? Helfen mir ein Lebenspartner, neue Kollegen, neue Freunde in der Freizeit?

Du fragst dich: Wo liegt mein ganzes inneres Glück wirklich? Vielleicht möchtest du dich auch schon lange für etwas einsetzen, bist super hilfsbereit, aber findest einfach keinen Anschluss zu Menschen, die dasselbe Ziel haben wie du.

Vielleicht kommst du abends nicht von der Couch hoch, blickst in ein Umfeld, wo alle verheiratet sind, und fragst dich:

Wer wartet auf mich?

Wer erlöst mich?

Wer hebt mich hoch?

Wer bezeugt mein Leben?

Wer rettet mein Leben dort, wo ich nicht mehr weiterweiß?

Du sehnst dich nach Liebe, ziehst dir hübsche Klamotten an, du gibst alles. Du hast Zertifikate über Zertifikate. Du bist schon für das nächste Seminar angemeldet. Dein Terminplan ist voll. Wie kannst du dich einsam fühlen, obwohl ständig so viele Menschen um dich herum sind? Wieso hast du das Gefühl, dass dein Weg länger und länger wird, wann kommt die süße Genugtuung, wann zeigen sich endlich die Früchte deiner Arbeit? Wann kommst du endlich raus aus der Dunkelheit ins

Licht? Wann kommt dieser Tag, an dem du einfach nur noch geben kannst? Du hast ein Herz aus Gold, aber wann zahlt sich das endlich aus?

Wann kannst du mit dir allein sein und es genießen? Kopf leer. Alle Fragen beantwortet, einfach nur noch Frieden. Wann setzt du dich an den Tisch und gibst all diese Bürden ab?

Wann findest du diesen einen Freund, der immer bei dir bleibt? Bei dem du dich immer geerdet fühlst? Wann findest du diese unendliche, ewige Liebe?

Mir laufen die Tränen, während ich diesen Text schreibe. Hast du dich wiedererkannt?

Wonach du suchst, ist Gott.

Du suchst nicht nach einem neuen Job, nach einem neuen Partner, nach der nächsten Handtasche, nach der nächsten Reise, nach der nächsten Couch, nach dem nächsten Zertifikat. Du suchst einfach nur Gott.

Lies dir die Zeilen noch einmal durch und beantworte dir diese Frage: *Glaubst du, ein Mensch allein könnte dir alle diese Wünsche erfüllen?* Wie lange wärst du dann auf der Suche? Wie viele Enttäuschungen kannst du noch aushalten? Lässt du dein Leben so weiterlaufen? Ohne einen Glauben?

Ich kenne dein Problem, glaub mir. Ich habe auch gezweifelt. Du brauchst eine Gemeinschaft um dich herum, die glaubt und nicht an dir zweifelt. Das wird dich stärken, Gott zu folgen und das Alte loszulassen.

Herzliche Einladung

Ich habe mich echt ins Zeug gelegt, damit wir alle, die an Gott und Jesus und an die Taufe glauben, in Kontakt bleiben können: Dafür habe ich den Ich-bin-Getauft-Online-Club gegründet!

Es ist der erste Onlineclub für Christen im deutschsprachigen Raum. Komm gerne dazu unter: Aline-Schreiber-ich-bin-getauft.de.

Was machen wir da? Wir gehen alle gemeinsam Tag für Tag durch die Bibel! Mit nicht mehr als 15 Minuten Zeitaufwand, sodass du deinen Alltag ganz normal weiterleben kannst.

Dafür bekommst du täglich den aktuellen Bibelvers mit Anregungen direkt in dein Postfach!

Immer mittwochs ist Worship-Tag! Hier bekommst du wöchentlich ein neues Gebet zum Anhören auf deine Ohren!

Immer samstags ist unser Bible-Journaling-Tag! Gemeinsam gestalten wir alle denselben Vers und tauschen uns in der Kreativität aus.

Die Plattform ist konfessionsunabhängig.

Klick einfach auf meine Website: Aline-Schreiber-ich-bin-getauft.de oder finde mich auf Instagram unter „ichbingetauft".

Ich freue mich wie verrückt, dich dort zu treffen!

Deine Aline

FSC MIX Papier aus verantwortungsvollen Quellen FSC® C014496 www.fsc.org

https://www.derhimmelunddu.at/hl-mutter-teresa.html

1. Auflage.2022
Artikel-Nr. 835344
ISBN 978-3-86334-344-6

Umschlagfoto: Christiane Baumgart
Umschlaggestaltung: Andreas Sonnhüter · grafikbuero-sonnhueter.de
Satz: Greiner & Reichel, Köln
Druck und Verarbeitung: GGP Media GmbH, Pößneck
Printed in Germany

www.adeo-verlag.de